知りたかったがつまってる！

世界一だのしい観葉植物教室

くわしすぎる園芸店員
くりと

KADOKAWA

はじめに

初めまして、園芸店員のくりとです。

僕は今、自宅で１００種類以上の観葉植物を育てていて、その経験を元に主にＳＮＳで植物の育て方などについて発信をしています！

この本では、植物の育て方や、僕のインスタグラムに問い合わせの多かったトラブルの対処法などを中心に解説しています。


観葉植物は、今や暮らしのなかに当たり前のように存在していて、誰もが手軽に購入してたのしめるものになっています。

ですが、実際育ててみると、だんだんと見た目が暴れてきたり、枯れてきたりして、トラブルが絶えません。


ネットで育て方を調べてみると「水をしっかり与えましょう。でも、水のやりすぎは根腐れになるので控えましょう」とか、「明るいところに置きましょう。ですが、葉焼けするので半日陰に置きましょう」などと出てきて、「いや、どっちやねん！」って思った方も多いのではないでしょうか。

少なくとも僕は、初心者の頃にそれを感じてしまいました。

そこからひたすら勉強をしていくなかで、わかったことがあります。

それは、**目の前にいる植物の状況がわからないから、調べてみても、どの解決策があてはまるのかわからない**、ということです。

例えば、新芽は出るのに、葉が黄色くなっていく植物がいたとします。

植物に慣れている方は、「植え替えをせずにいた結果、鉢底で根がうまく伸ばせなくなって、新芽は出るけど古い葉は黄色くなってしまうんだな。まずは植え替えをしよう」と思うでしょう。

でも、慣れていない方は、「新芽は出てくるのに、なぜか葉っぱが黄色くなって枯れていく…。根腐れかな、挿すタイプの活力剤を使ってみよう」と、植物が求めているのとは違うことをしてしまうことがよくあります。

その結果、植物は成長することができず、温度や湿度がガラッと変わる梅雨明けや冬に力尽きてしまうんです。

本当は植物が好きだけど、枯らしてしまうから手が出せない。

そんな方々に、僕がこれまで経験してきたことや学んできたことを、わかりやすく、そして何よりもたのしく伝えたい。植物のある暮らしをたのしんでもらいたい。そういう思いでこの本を執筆しました。

僕は植物も動物も自分の意志を持っている同じ生き物だと感じています。

本書でも、彼らを「この子」と表現したり、彼らの状況に少しでも興味をもってもらえるよう、小難しい話もできるだけわかりやすい例えを使ったりして解説しています。

普通の園芸書には出てこない、そんな部分もたのしんでもらえたら嬉しいです。


読み終わる頃には、きっとあなたも今までよりもっと植物が好きになっているはずです。

僕は誰よりも植物を好きだという自信がありますが、この本を手にしてくれたあなたが「私の方が植物を好きかも知れない！」と思えるようになってくれたら、とても嬉しいです。

くりと

目次

CHAPTER3 植物がよろこぶ！メンテナンス術

CHAPTER4 園芸店員の技を公開！ トラブルシューティング

STAFF

デザイン　mocha design
撮影　くりと
イラスト　かわべしおん
DTP　NOAH
校正　文字工房燦光
編集　高梨奈々、石坂綾乃（KADOKAWA）

CHAPTER1

植物の気持ちがわかる！基本の育て方

はじめてお迎えするなら寒さに強くて育てやすい子から！

おうちに植物を取り入れたいと思ったとき、まず最初は「育てやすい植物」がいいですよね。

暖かいところで生まれた観葉植物たちは、寒いところが苦手。だから、四季のある日本で過ごすのはちょっと大変なんです。そこで、**植物をはじめてお迎えする方にぜひ選んでほしい、「寒さに強くて育てやすい植物」**を紹介したいと思います。

まずは、なんといっても**モンステラ**（写真❶）。モンステラはマグカップくらいのサイズから、部屋のシンボルツリーとして申し分ないサイズまで、幅広く流通しています。樹形の仕立て方もさまざまで、いつ見てもたのしい子です！　なかには斑入りと呼ばれるあまり出回らない珍しいモンステラもいるので、育てることに慣れてきたらお店で探してみてください。

木っぽい子がお好みなら**フィカス・ベンガレンシス**（写真❷）がおすすめです。くっきりとした葉のグリーンと、ホワイトの幹がお部屋の雰囲気をグッと良くしてくれます。樹形も乱れにくく、インテリア性の高い植物として人気です！

以上の2種類は大体8℃以上を保ってあげることで冬を越せますが、さらに寒さに強い品種もあります。それが**ストレリチア**（写真❸）と**シェフレラ**（写真❹）。この子たちは2～3℃付近まで耐えることができるんです。

植物はどこで買うのがいい？

安価で買いやすいのはホームセンターの園芸コーナー。育てやすい植物が安く販売されていますが、珍しい植物はあまり入荷しません。ちょっとレアな子をお求めなら、少し足を伸ばして園芸専門店へ。

1 モンステラ

暗いところでも、明るいところでも、ちゃんと成長するのが特徴です。樹形が乱れたときは茎をカットすることで簡単に仕立て直せる点もおすすめです。

2 フィカス・ベンガレンシス

暗いところで育てると成長が遅くなるけれど、枯れるところまではいかない強い子です。写真のようなシャキンとした樹形の他、曲線に仕立てることもできる、たのしい植物です。

3 ストレリチア

この子がいると一気に南国感が出るし、丈夫で育てやすい！　ただし、根っこが肥大するので、陶器の鉢にずっと入れたままだと鉢が割れるし、プラスチック鉢だと変形するので要注意。

4 シェフレラ

なぜここまで強靭なのかはわかりませんが、とにかく「温度や乾湿の変化に強い」印象を受けるシェフレラさん。部屋に迎えたら、動かさずドシッと構えてもらいましょう。

選ぶときに意識したい大事なポイント。「この植物は理想の姿形になるのか」

観葉植物を育てていて「あれ、なんか思ったように成長してくれない」って感じる方は意外に多いようです。

このパキラ（写真❶）を見てください。**太い幹の先端が切り取られています。これは「芯止め」といわれる手入れ方法のひとつで、植物がそれ以上伸びないようにする**ために行われています。植物を「小さい苗から育てて人の背丈くらい大きくしたい」って方は、こういう芯止めされている植物は避けましょう。とはいえ**芯止めには、脇から芽が出やすくなる、コンパクトにたのしみやすい、というメリット**もあります。キッチンカウンターやデスクなどに置くには、ピッタリな子に仕上がるんです。

次に知っておきたい特徴が、**「模様」と「徒長＊」**です。観葉植物のなかには、葉に白や黄色の模様が見られる種類があります。模様のある植物を「斑入り」というのですが、**暗いところで育てていると、この白い部分が緑っぽくなってしまう**んです。また、**光から遠い場所に置かれた植物は、明るい方に向かって茎や葉を伸ばしながら成長**します。気づいたときには枝がひょろひょろ伸びてた…なんてこともあるんです。

植物は、どこに置くのか、どういう姿になってほしいか、を考えて選びましょう。暗いところに置くなら、模様のない子や、ある程度伸びても気にならない子を選ぶといいかもしれません。

植物はどちらかといえば陰が嫌い

植物は光が好きだから明るい方へ向かう…というより、暗いところが嫌だから頑張って明るい方に伸びようとしています。植物はその優れた光センサーで、自分が何かの陰にいると気づくことができるんです。

＊徒長…光量不足などが原因で植物の茎がひょろひょろ伸びること。

途中から葉の色が白っぽくなっていますよね。暗いところに置いているときに出た葉は緑で、明るい窓際に置いた後に出てきた葉は、こんなふうに白くなるんです。

芯止めとは、写真のように太い幹の先端が切られている状態のこと。

窓から遠いため、ビヨーンと茎を伸ばしてしまいましたが、これはこれでかわいらしい姿です。

こんなふうに、芯止めされていない、真っ直ぐ伸びるパキラも出回っています。通称は「実生（みしょう）パキラ」。種から育った子です！

お手入れに必要な道具

観葉植物を育てるのにマストなアイテムはこの4つ！

植物をたのしむために用意してほしい必需品を紹介します。

1つ目は**水やりのときに便利なじょうろ**。個人的には、**容量が1ℓジャスト**で、注ぎ口が細く曲がっていて、水の勢いがやさしく、水が一定に出るじょうろがお気に入りで、愛用しています。

2つ目は**剪定用のハサミ**。こちらもぜひ用意しましょう。切れ味のいい高級品ならもちろんいいですが、よほど太い枝を切るのでない限りは、**安価な物で大丈夫**です。僕はいまだに100円ショップのハサミを使っています。ただし、文房具用のハサミを使い回すのは植物に良くないです。**安くてもいいので、植物専用のハサミを用意**してください。

3つ目は**土入れ器**。シャベルとは違い、**コップのように土をすくうことができる道具**です。こぼしにくくてとても扱いやすいのでおすすめです。

4つ目は**ミストスプレー容器**。葉水＊やエアプランツ類の水やりに使えます。スプレー容器は、100円のものから高い電動のもの、水が細かい霧状に噴出されるタイプまで、いろいろな種類が販売されています。

以上の4つは最低でも用意しましょう。他にも、あったらラクっていう道具があります。1つ目は**ピンセット**。根をほぐすときなどに便利です。2つ目は**スポイト**。液肥などを与える際に、どんな容器にも注ぎやすいので便利です。

道具は本当に安いものでいいの？

ぜんぜんOKです。ですが、さきほどの4つの道具のなかで、もしコストをかけるとしたらハサミです。ハサミには枝を切断するという役割があり、大きい枝を切るときにはそれなりのハサミが必要になります。

＊葉水…葉に水をかけること。

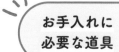

1 じょうろ

肥料の多くは、水1ℓに対して肥料キャップ1杯、スプーン1杯などの分量で希釈するため、1ℓのじょうろが使いやすいです。水をたくさん使うなら、2ℓのペットボトルも優秀。これは僕のお気に入り、リッチェルのじょうろ。なんといっても1ℓジャストの容量と注ぎ口が最高です。

2 剪定用のハサミ

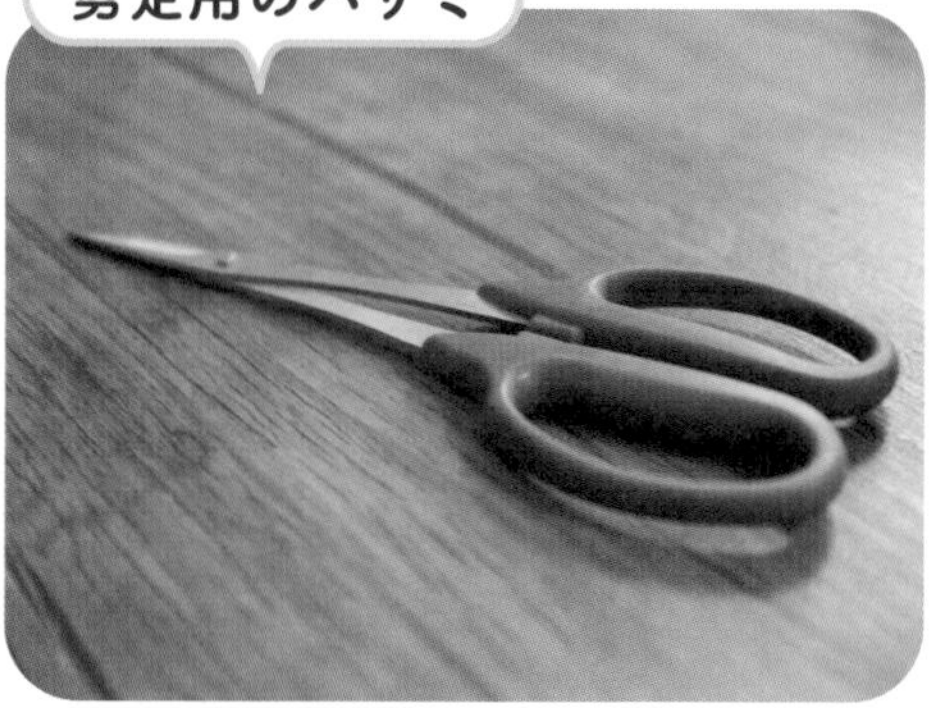

この形が取り回ししやすくてお気に入り。太い枝は切れませんが…。

3 土入れ器

こんな感じに土をすくえるので、周りにこぼれにくく、室内での植え替えも楽勝ですよ！

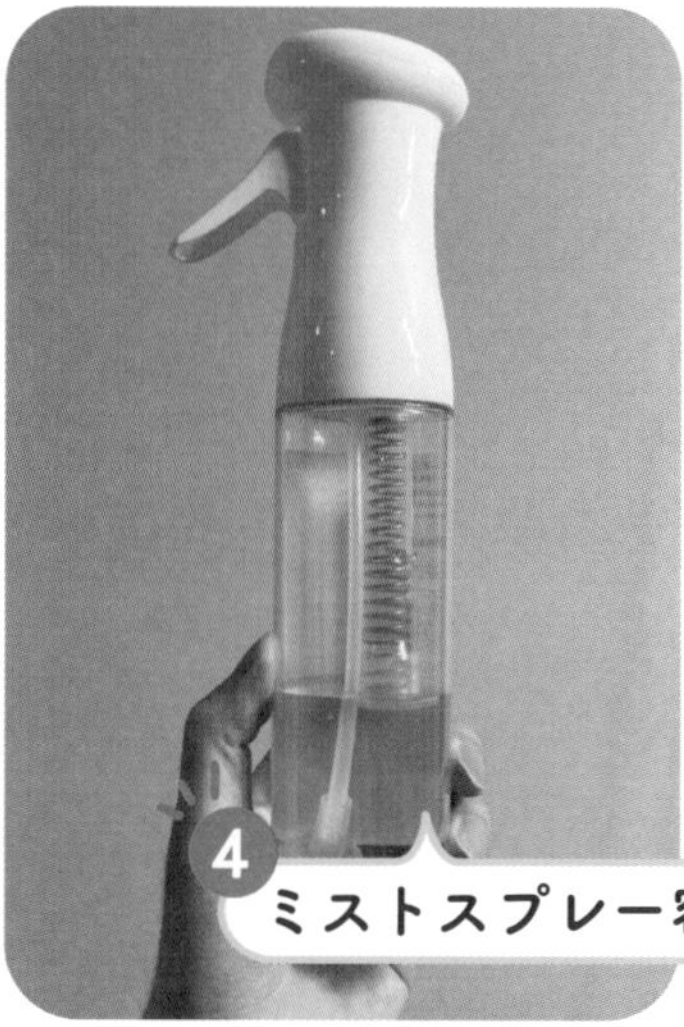

4 ミストスプレー容器

細かい霧が長く噴射されるタイプのスプレー容器。やはりこのタイプが使いやすいです。

あると便利！

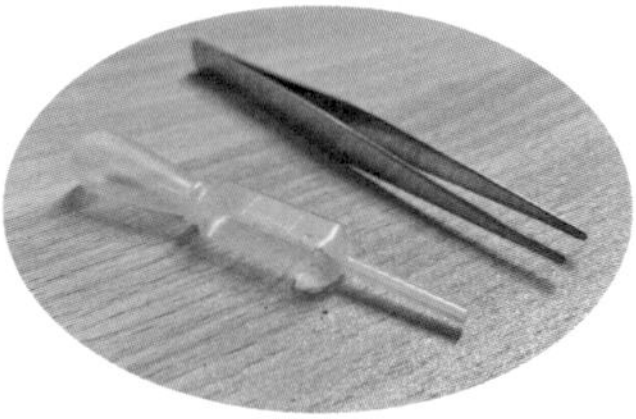

ピンセットは、触りたくないもの（虫とかね）、隙間に挟まる石などを取るときにも便利です。スポイトは液肥を与えるときに。

植物をお迎えしたらまずこれを！おすすめ防虫対策4選

おうちに植物を迎えたら、**まずは虫がついていないかどうかを確認して、虫対策をしましょう**。気づかずに害虫をつけたまま放置すると、大切な植物が弱ったり、部屋でコバエを見かけるようになったりと、良くないことばかりです。僕は部屋で虫に出会いたくないので、面倒でもやっています。

最初に、茎と葉のつけ根と、葉が混み合う株元をよく確認しましょう。この2か所はとくに、厄介なアブラムシとカイガラムシが潜みやすい場所なので、しっかり確認してください。

次にすべきなのは、**鉢を水に沈める**こと。コバエなどを除去する簡単な方法として、**植物を土ごと水中に沈ませる**、というものがあります。虫たちは大体が水に浮くので、**浮いてきた虫をすくって駆除する**ことができます。

3つ目は、**葉にしっかり水をかける**こと。植物の葉には、ホコリが結構ついていたり、葉裏にハダニという虫が潜んでいたりします。これらはシャワーをかけることで吹き飛ばすことができます。

4つ目は、**鉢を浮かす**こと。ほとんどの場合、売り場に並んでいる植物の鉢には、鉢底石*が入っていません。なので、**鉢をそのまま床にベタっと置くと、虫が好きなジメジメした環境が生まれてしまう**ので注意が必要です。簡単な対策としては、ペットボトルのフタを使って鉢を少し浮かせるのが有効です。

大型の植物はどうやって水に沈める？

正直、大きい植物を水に沈めるのは難しいので、目で確認して、薬剤で対処していくのが無難です。虫が出てきそうで、どうしても土が気になるときは、植え替えして土を入れ替えてしまいましょう。

*鉢底石…鉢のいちばん下に敷いて使う、軽石などの排水性が良い石。

株元は虫を見つけにくいため、葉をかき分けてでも害虫確認をしたいところです。

ひと回り大きいバケツなどを用意して鉢を入れ、土が水面にすっぽり隠れるくらいまで水を張りましょう。

強めの水シャワーをかけると葉っぱがスッキリします。

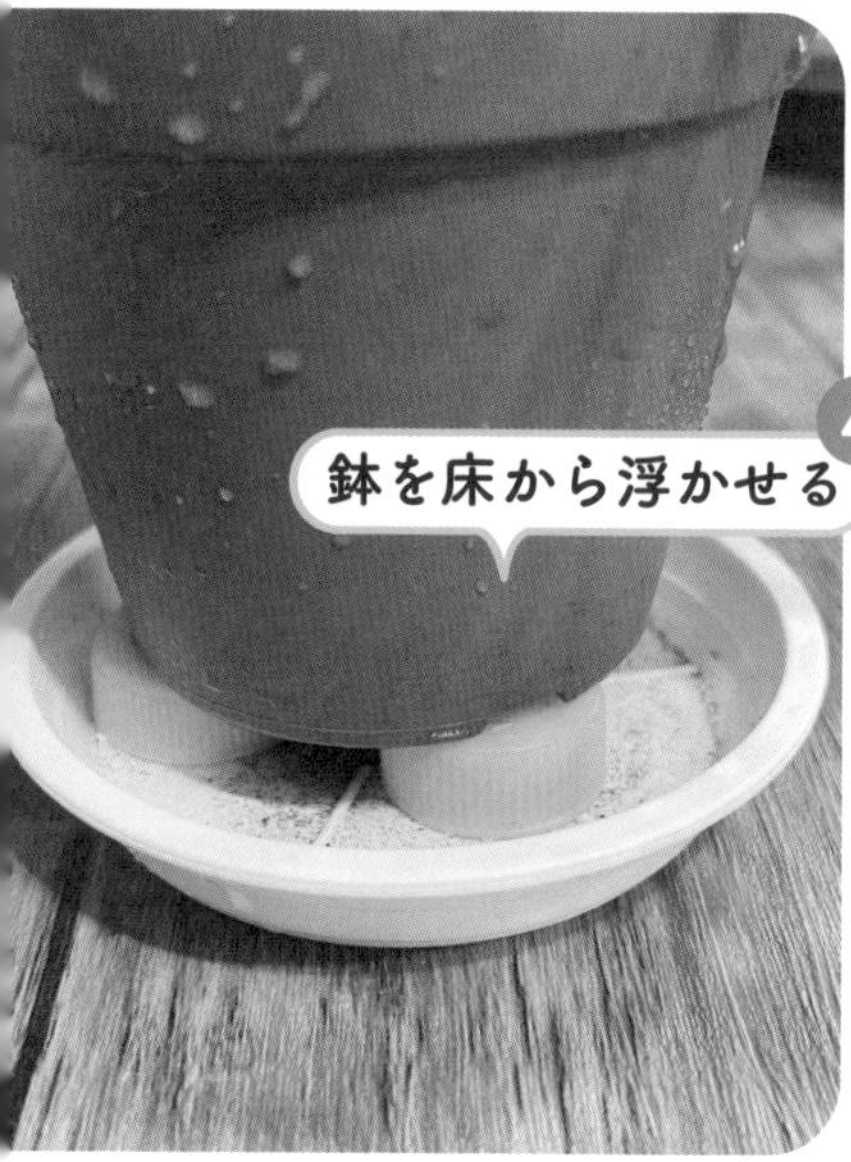

鉢裏を浮かせられればOKなので、ペットボトルのフタでも効果抜群です！

植物を植える
土の選び方

室内で植物を育てるなら無機質で排水性が高い土を

「植物にはどんな土がいいの？」という疑問を持つ方は多いはず。園芸店に行くと、やたらといろいろな土が置いてあって、どれを選べばいいか迷いますよね。室内で観葉植物をたのしむなら、次のような土がおすすめです。

1つ目は、**無機質であること**。無機質の土とは、簡単にいえば、砂や赤玉土など、**鉱物由来の土**です。よく耳にする腐葉土は、葉っぱを発酵させた有機質の土になります。**無機質の土のメリットは、土に虫が寄りつきにくいこと。**室内で育てる植物と相性がいいですよね！

2つ目は、**排水性が高い**こと。室内は屋外と比べて濡れたものが乾きにくいもの。洗濯物も圧倒的に外の方が乾きがいいですよね。**無機質の土は水捌けがとても良いので、室内にぴったり**です。

実は、**土って植物を植えた瞬間から劣化していく**んですよ。新品の土は程良い細かさの粒で構成され、粒と粒の間に隙間ができます。ですが、土の劣化が進むと粒が崩れて細かくなりすぎ、土の中の隙間という隙間が塞がれてしまうんです。隙間がない土では根は身動きが取れなくなり、めちゃめちゃ弱ってしまいます。

ですから、「**良い土もいずれは悪い土になる**」ということを忘れずに、**定期的な植え替えで土を新しくして**あげてください。根っこは新しい土が大好きなので、植え替えすれば、すぐに新しい根っこを出してくれるはずです。

無機質な土と相性が悪い植物もいる

例えば、シダ植物のビカクシダやアジアンタム、ラン科のコチョウラン。こういった植物は、岩肌や他の樹木などに着生して暮らしているので、無機質な土を好みません。水苔との相性が良いです。

有機質の土は黒っぽいので、濡れているのかどうかがすぐにわからず、水やりの判断が難しい。

これが無機質の土。水が残らない理想的な土は、隙間があり、空気が残る層があるので、植物も大好き。

無機質な土と相性の悪いシダ類などの着生植物は、水苔に植えてあげるとよく育ちます。

非常に細かくなった土の粒が詰まっている水捌けの悪い土は、水やりをするといつまでも乾きません。

植物だって鉢を選びたい！ 色形より鉢穴の多さに惹かれます

植物を植える鉢っておしゃれなものを選びたいですよね！ インテリアの色に合わせたり、部屋のアクセントカラーにしたり。実は、**植物たちも鉢を選びたいんです**。鉢は自分の好みだけでなく、植物がその鉢を気に入ってくれるかも合わせて考えましょう。

植物が好きな鉢とは、水捌けが良い鉢です。鉢の裏に穴がいっぱいあったり、側面に切れ込みがあったりする鉢は、とても水捌けがいいもの。鉢の水捌けがいいと、中の土もよく乾くので、植物は毎回新鮮な水を吸うことができて、気持ち良く成長してくれます。

ところが、おしゃれな鉢ほど裏に穴がひとつだったりするんですよね。**穴がひとつだと水がなかなか捌けず**、前に水やりした水がずっと残ってじめじめするので、植物は嫌がります。**気に入った鉢の穴がひとつだった場合、ゼオライトなどの根腐れ防止剤を底に入れて**あげましょう。ゼオライトは天然の浄水器みたいなものなので、植物もよろこびます。

個人的に、初心者さんからインテリア好きさんまで**おすすめしたいのが、スリットポットと鉢カバーの組み合わせ**。スリットポットは見た目は地味ですが、水捌けがとても良いので、そのまま鉢の中に入れても植物の生育を妨げません。機能も外見もいい感じに仕上がります。

口狭のおしゃれ鉢には要注意

口が狭くて中が広い鉢。これに植物を入れてしばらく育てると、根っこがどんどん広がり、植え替え時に狭い口から抜けなくなります。もったいないけど割ることを前提にするか、鉢カバーとして使うのがおすすめ。

水捌けのいい理想的な鉢

これだけ穴があいてる鉢なら安心です！

ゼオライトはこれ

天然の浄水器・ゼオライト。これを入れておくだけでも随分と根腐れしにくくなりますよ。

穴がひとつの鉢

穴がひとつの鉢は、おしゃれだけど水捌けはあまり良くない。ほんと、素敵なんだけど…。

スリットポットと鉢カバーのコンビ

これこそ最強の組み合わせです！　好きな鉢カバーでたのしんでください。

光、水、風を植物ごとにうまく使うのが元気に育てるコツ

どの植物もみんな光が大好きです。ただ、人間にも太陽に当たるとすぐに赤く日焼けしちゃう人がいるように、植物にもそれぞれ得意不得意があります。

ざっくりいうと、**葉が厚い植物ほど光に強く、葉が薄くて繊細なものほど光に弱い**、という傾向があります。どんな光加減が好きなのか、おうちの植物の好みをよく確認してあげましょう。

水やりの頻度も、植物ごとに個性があります。大まかな特徴として、**葉が肉厚で枚数も少ない植物ほど水やりは少なくてよく、葉の数が多い植物ほど水をたくさん求めます**。例えば、みなさんがよく知るサボテンは、水やりが少なくてよい植物の代表格です。乾燥地帯に自生するサボテンは、わずかな水をしっかり体に溜め込むタイプなんです。反対に、エバーフレッシュなどは葉の数がとても多く、水をよく吸うので、土の乾きも早い。**水やりは、植物全部を一括りにして「週に1回」などと決めるより、植物ごとに向き合う方が元気に育ちます**。

水やりと同じくらい大切な要素が、風です。**植物は風を浴びないと次第に弱っていきます**。人間だって窓のない部屋で暮らせば息苦しさを感じますが、植物も同じです。**風がないと光合成に必要な二酸化炭素がたくさん吸えず、光合成自体がうまくできなくなってしまうんです**。

植物の葉の形は環境によって決まる

葉っぱは、湿度が高くて暗い環境だと大きくなり、光が強くて乾燥した環境だと小さくなります。モンステラは砂漠では生きられず、サボテンも薄暗い森の中では生きられない。それぞれ得意な場所があるのです。

風通しを良くする
サーキュレーター

室内に入ってくる風の量は家によってまちまち。そこで、室内の風を循環させるためにサーキュレーターを活用すると、効果抜群です。

鉢はときどき回転させる

光が好きすぎて傾いちゃう子がいるときは、鉢をくるっと180度回転させてしばらく育てると、まっすぐに戻ります。

光に当てすぎない方がいい植物も

アジアンタムなどは、光にとても弱い繊細な葉を持っています。なので、窓から離した方が管理しやすい場合もあります。

本当はとても白い柄の
サンセベリア

植物のなかには、光にしっかり当たることで本来のきれいな模様が出る子もいます。

植物の置き場所①

窓近には陽生植物から置く。するとみんながかっこよく育つ！

部屋のどんなところに植物を置いても、最初のうちはちゃんと育つことがほとんどです。ですが、なかには次第に調子が悪くなってくる子がいます。これは光の量のせいです。**必要な光の量は植物ごとに決まっていて、陽生植物、陰生植物なんて呼んだりします。**人間でいうアウトドア派かインドア派か、みたいなものとイメージしましょう！

陽生植物として有名なのは、野菜のトマトや花のヒマワリなどです。これらを室内で育てると、暗すぎて花がつかなかったりします。**観葉植物たちはどうかというと、陰生植物が多いので、暗くても育ちます。**ただ、ひとつ大きな落とし穴があります。**それは、室内の「日陰」と屋外の「日陰」では、光の量にとんでもなく差がある**ことです。

植物が想定している日陰は、「春の暖かい日、オープンテラスのパラソルの下」のような環境です。ところが、室内で同様の環境になるのは、レースのカーテンで遮光された窓の前だけ。室内の日陰は思う以上に暗いので、**窓から離れれば離れるほど植物の生育は悪くなり、調子を崩しやすくなってしまう**んです。

観葉植物のなかでも、フィカス、エバーフレッシュ、ソフォラなどは、窓に近い特等席に置いて、たっぷり光を浴びられるようにしてあげてください。反対に、モンステラやカラテアなどは、部屋の奥に置いても育ちます。

部屋を明るくするレースのカーテンがある

レースのカーテンにはさまざまな機能がついたものがありますが、なかでも「採光レースカーテン」には部屋の中を明るくする効果があります。レースのカーテンを閉めると暗いな、と感じるときは試す価値あり！

陽生植物

エバーフレッシュ

この子には、常に窓際の特等席に置いてあげるとたくさん新芽が出る、という特徴があります。

フィカス'ティネケ'

太陽に当たるほど白い斑がくっきりきれいに出る植物。暗いと白い部分が滲みます。

ソフォラ

エバーフレッシュ同様、光を浴びるほど育てやすい植物。光があれば冬でも新芽が出てきます。

陰生植物

ポトス

家中どこでも置けて種類もたくさん！ただし、白い模様のあるポトスは、暗いところに置くときれいに模様が出なくなります。

風通しの良くない玄関とベランダは鬼門。どうしても置きたいときは…

植物を置くとき、**玄関とベランダは注意が必要**です。この2か所は、共通して**風通しが悪い**からです。

全面コンクリートで覆われているベランダであれば、とくに床付近の通気が悪くなります。植物は、風を浴びなければ調子を崩しやすく、病気になりやすくなってしまいます。病気予防のために風通しを確保しましょう。対策としては、**プランタースタンドなどを利用して、鉢を高くしてあげることが有効**です。

玄関もまた、非常に風が通りにくい環境ですが、室内なので、ベランダのように鉢の高さを変えたところで効果はありません。さらに、アパートやマンションの玄関は、日当たりが良くない北側に向くことも多いはずです。こうした場合は、**割り切って玄関には植物を置かないようにするか、1週間程度で置く植物を交代させていくのがいい**と思います。

実は、この**「1週間」というのが結構大切**で、**植物はいる場所を変えられるのが苦手**なんです。自然界では想定されないことなので、植物たちは葉をどこに向けていいのかわからなくなり、困ってしまいます。そして、**この状態をストレスとして受け取り、生育が遅くなったり、調子を崩したりする**んです。なので、ローテーションで植物を置き換えるにしても、1週間は間を取るのがおすすめです。

植物はLEDライトでも育つ

太陽が当たらなくても、人工的な光があれば植物は育ちます。最近は植物を育成するための専用ライトもあるので、部屋が暗くて困っている方はぜひ取り入れてみましょう！　僕も２つ使っています。

エアコンの前は避けて

季節によってはエアコンを稼働すると思います。エアコンの風で植物が常に揺れているようなら、植物を置く場所を変えましょう。

LEDライトは照射距離に注意

近づけすぎると急激に葉が傷むので、照射距離はとても大切です。説明書に指定がない場合は50cm以上離してはじめた方がいいです。

玄関に置く植物はたまに移動を

窓のある玄関なら、たまに換気してあげてください。窓がない玄関に置いた植物は、ときどき明るいところへ移動させて、しばらく休ませましょう。

ベランダに置くときは床に直置き注意！

とくに夏場のベランダは本当に過酷です！試しに寝転んで植物と目線を合わせてみてください。5分も我慢できないはずです。

100種類の植物から学んだ水やり法①
水やりタイミングを知るには？

わが家には、今も100種類以上の植物があるのですが、みなさん、本当に水を欲しがる速さがバラバラです。僕は毎日何かしらの植物に水をあげていますが、たくさんの植物の水やりをうまく管理するには、2つの方法があります。

1つ目は、**鉢表面の土を変える方法**。園芸店で売っている植物は黒っぽい土に植わっていることが多いですが、こういう土は表面が濡れているかどうか目視ではわかりません。でも、土のなかには、**乾くと色が変わるものがあるんです。それが「粒状培養土」**で、赤玉土と鹿沼土や軽石などで構成されたものが多いようです。

理想をいえば、この粒状培養土に植え替えするといいのですが、**今植物が植えてある土の表面から3㎝程度を、単体の赤玉土や鹿沼土に変える**だけでも効果があります。この、「表面に赤玉土などを撒く」という方法は、土の渇き具合が目で見てわかる、ということ以外に、コバエの発生予防にも効果があります。

2つ目は、鉢を持ち上げて重さを量る習慣をつけ、重さで水分量を判断する方法。とくに5号（直径15㎝）くらいまでの鉢は、水が抜けると非常に軽く感じられます。ただ「軽い」の感覚は人それぞれなので、**水分計を使う**手もあります。土に挿したまま、あるいは測りたいときに挿して水分量を確認する、水やりのお助けアイテムです！

水やりはすごく奥が深い

「この植物の水やり頻度は？」とよく聞かれるのですが、その植物の暮らす環境によって違います。また、使用した鉢や、販売時の根の量によっても雲泥の差で、「この植物ならこう」と決めつけないことが大切。

土の表面の乾き具合の違い

有機質の土と無機質の土で、乾いたときの色を比較しました。無機質の土は乾くと左の鉢のように色が白っぽく変わるので、とてもわかりやすいですね！　有機質の土は、濡れているのかどうか、見分けるのはなかなか難しいです。

鉢の持ち上げ方

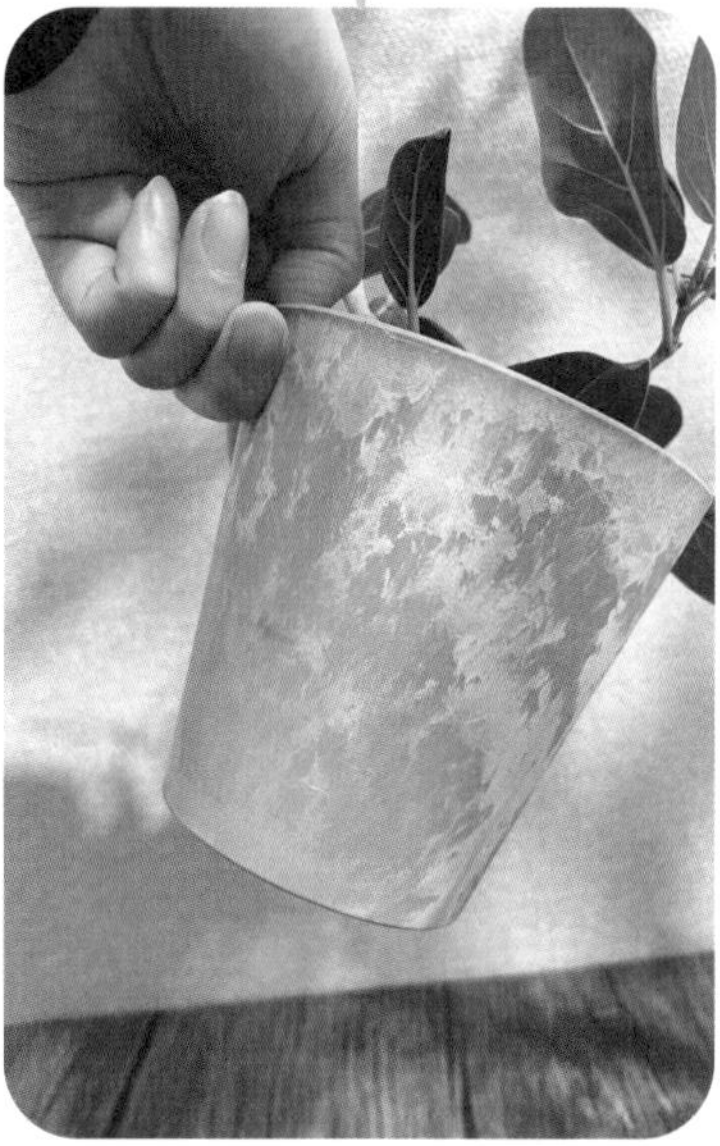

持つのは片手か両手かを決めておき、クイっと持ち上げて確認。手先に神経を集中すると、鉢底に重心を感じられます。

水分計を使ってみる

鉢を持ち上げてもよくわからないときは、こんな水やりのお助けグッズを使ってみても。

100種類の植物から学んだ水やり法②
水やりは2回に分けてたっぷりと

水やりって、ただ鉢に水を注ぐだけでは?って軽く考えがちなのですが、**水やりは本当に大事**。これを適切にするだけで、植物を丈夫に育てることができます。

ポイントは2つあります。1つ目は、**鉢土をしっかり濡らす**こと。根が腐るのが怖くて水をたくさんあげるのをためらう方がいますが、これはNGです。植物には、細い根と太い根、古い根と新しい根があります。新しくて細い根ほど乾燥に慣れていません。**つまり、水が届かなければ根は部分的に枯れてしまい、植物は調子良く育たない**のです。

2つ目は、水やりを2回に分けること。一気に水を与えると、その多くは鉢底から流れていってしまいます。**鉢土をしっかり濡らすためには、必要な水の量を2回に分けて与える**のがおすすめです。イメージとしては、ハンドドリップのコーヒーの淹れ方です! 植物に水やりするときも、あんなふうに**やさしく注ぎ口を動かしながら、2回に分けて水を注いで**あげてください。やがて**鉢底からほんの少し水が出てきたら、水やり完了**です。鉢皿に残った水も、少量であれば植物が吸ってくれるので、わざわざ捨てなくて済むからラクですよ。

水をたくさん使ってもかまわないなら、しばらく注ぎ続けて、鉢底から水が流れ出るのを確認してから水やりを完了すると、さらにいいですね。

水やりとは、水と「乾燥」を与える作業

植物には水やりが必要ですが、乾燥を与えることも必要です。植物は土の中の水分量がある決まった数値になったときに根を伸ばします。つまり、乾燥する時間もないと、根は伸びないということなのです。

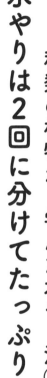

水やりの手順

手順1

やさしく土表面をなぞる

水を与えるときは、やさしく土表面をなぞるようにするのがベストです。ドリップコーヒーを淹れるときみたいにふんわり水を注ぎましょう。一気に大量の水を与えると、大部分が土に吸収されずに鉢穴から抜けてしまうことがあるので注意。

手順2

表面が濡れたら15秒待つ

土の表面が濡れたら一度待ってみてください。15秒くらい待っても鉢穴から水が出てこないようなら、再度水をふんわり全体に与えます。

手順3

鉢裏から水が出たらOK

鉢裏からちょろっと水が出てきたら、水やり完了！　2回に分けて土全体に水を与えているので、鉢裏から大量の水が出てこなくてもOKです。とくに大型の鉢はこの方法が楽なので、ぜひ試してみてください。ベランダやキッチンで水やりするなら、排水も簡単なので、もっとじゃぶじゃぶ水を与えてもらえると最高です！

これはNG！

株元だけに水をあげるべき、と勘違いしている方も多いですが、それはNG。水を与えるときは、土全体にしっかり水を届けることを意識しましょう！

水やりの仕方②

水がうまく流れなくなるのはなぜ？

すると、水は土の中を通らず、鉢と土の間をすり抜けるように外へ出てしまい、根には新鮮な水も酸素も届きません。このあと起きるのが根腐れです。

やがて土が劣化して土の塊が砕けると、隙間がなくなり、水が通りにくくなります。

良い土は、土と隙間のバランスが程良く保たれていて、鉢全体に水がいき渡ります。

「水は鉢底から流れるまでたっぷり」といわれる理由

土は**粒子が細かいほど水が抜けにくい**性質があります。コーヒーフィルターをイメージするとわかりやすいのですが、たっぷりお湯を注いでも下に落ちるコーヒーの量は一定ですよね。植木鉢の中でも同様のことが起きるんです。

例えば、毎日コップ1杯だけ水を与えるような管理をしていると、水が土の中を通らないため、崩れた土の細かい粒がどんどん詰まっていきます。水は常に流れやすい方へ移動していくので、**一度詰まってしまった場所には新鮮な水や酸素が届きにくく、根が傷みやすい環境**となってしまいます。土の粒が詰まらないようにして、根に新鮮な水や酸素を届けることこそが、**鉢底から抜けるまで水を与えて**ほしい理由です。また、土全体がしっかり水分と養分をもつことで、乾燥に

これはNG！
床が濡れるのが嫌だからと、表面だけ濡らす葉水はあまり意味がありません。

葉水のポイント

成長点も濡らしてあげよう

ビカクシダなどは、成長点（根や茎の先端にある細胞分裂が活発なところ）に向かって霧吹きしてあげるとよろこびます。

重なる葉にもしっかりと

葉水をするときはしつこいくらいに水をかけて、重なっている葉にもしっかり水が届くようにしましょう。潤っている葉は虫がつきにくいです。

水滴が落ちるくらい水を与える

葉水は、ぼたぼた水滴が落ちるくらい水を与えるのがベストです。水滴が落ちるのと一緒に、葉面についた汚れなども落としてくれます。

慣れていない根っこも枯れずに伸びて、よく成長します。くれぐれも**中途半端な水やりはしない**ようにしましょう！

葉水は絶対に必要なの？

葉水とは葉に水を吹きかけること。「観葉植物には毎日葉水をしよう」という記述をよく目にしますが、僕は**無理にしなくても問題ない**と感じています。最も乾燥する冬の時期にいっさい葉水をしなくても、とくに傷んでしまうこともありませんでした。

ただし、エバーフレッシュなどの葉が、**水切れでボサっと広がってしまったときは、水やり＋葉水をすることでスムーズに戻すことができます。**また、葉水をしているとハダニがつきにくい環境を作ることもできます。だから、**できる人はする、難しい人は無理にしなくても大丈夫、**かなと思います。

肥料の成分は窒素、リン酸、カリウム。調味料のように用途で使い分けて

肥料のことを知らずに適当に買ってしまうと、期待した効果がなかったり、虫が湧いてしまったりすることがあるので注意が必要です。

園芸店などで購入できる**肥料は、観葉植物用、花用、野菜用と分かれています。**料理に適量のしょう油や酒を加えて味を調えるように、肥料も成分に強弱をつけることで、植物の見た目を良くし、隠れた力を引き出すことができるんです！

肥料は、パッケージに必ず窒素、リン酸、カリウムの表記と数字が記載されています。**窒素は葉っぱの見栄えを良くするための成分、リン酸は花や果実をたくさんつけてもらうための成分、カリウムは根っこを強く丈夫にするための成分**です。そのため、観葉植物には窒素がたくさん入っている肥料が良いとされています。ですが！僕が**おすすめしたいのはカリ成分（カリウム成分）がたくさん入った肥料**です。なぜなら、**カリ成分をしっかり吸った植物は、暑さ寒さに強くなり、めちゃめちゃ育てやすく、丈夫な子に育っていく**からです。

もともと植物は、環境の変化に対して自分の力で慣れようとするものですが、カリ成分はそのような「免疫力」をより引き出してくれる優れものなんです。栽培環境が悪いときほど取り入れてほしい肥料成分です。

有機肥料*のメリット・デメリット

有機肥料っていいの？　確かに有機肥料は植物の栄養吸収時に、根っこを傷めることがほとんどありません。その代わり、臭いがキツイ、虫が寄りつきやすい、という特徴があり、室内園芸には向いていないのです。

＊有機肥料…油粕、魚粉、鶏糞など、植物性や動物性の有機物を原料にした肥料のこと。本文で挙げたものは、無機物を原料として、化学的な方法で作られた化成肥料。

\インスタで紹介/
使って良かった肥料3選

微粉ハイポネックス

メイン肥料として活躍します。粉を水に溶かすタイプなので非常に簡単に施肥できます。夏前、冬前に与えることで、暑さ寒さに負けない株に！

販売元／ハイポネックスジャパン

エードボールCa

ポイントはカルシウム。これもまた植物を丈夫にする成分なんです。使いやすい点は、肥料成分が均一になっていて、さまざまな植物に対応していること。観葉植物以外にも使えます。

販売元／住友化学園芸

ハイポネックス原液

微粉ハイポネックスとのローテーション用に取り入れています。たまに肥料を変えてあげることで、植物がよろこんでいるような気がするからです。

販売元／ハイポネックスジャパン

パッケージにある用法用量を守る。真夏、真冬、植え替え直後はNG！

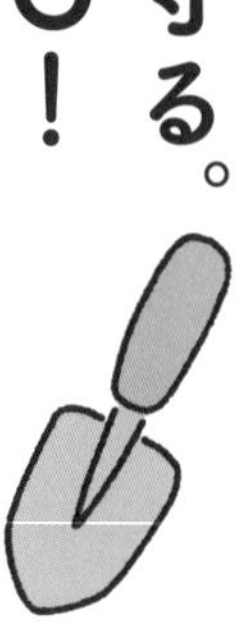

肥**料の正しい与え方は、「パッケージに書いてある通りに与えること**」ですが、これが結構守られていないケースが多いんです！

とくに固形肥料のパッケージには、「土の上に置いてください」などと書かれているものが多いのですが、土の中に押し込んでしまう方がいます。これがなぜダメなのかというと、肥料成分の溶け出し方は、記載された方法を守ればうまくいくように、メーカーが調整しているからです。間違った使い方をすると、必要以上に成分が溶け出してしまい、植物を傷める原因になります。

用法を守ってほしいのは**液体肥料も同**様ですが、なかでも**希釈割合には注意が必要**です。液体タイプは植物の根っこに影響が出るのが早いため、**使い方を誤ると植物が突然弱る**ことがあります。

与えるタイミングにも注意しましょう。実は、**肥料には与えてはいけない時期があります。真夏、真冬、植え替え直後**です。この3つの時期は、いずれも植物の生育が止まっている期間になります。液肥を与えているなら中止して、固形肥料を置いているなら一度取り除いてください。**うっかり与えてしまった場合は、固形肥料を取り除いてから、大量の水を鉢に注いで肥料成分を洗い流す**ことで、リセット可能です。

「真冬」は家によって違う

真冬に肥料はNGといいましたが、近年は暖房をつけているため室温が20℃以上に保たれていることも多いです。そういう環境の植物は、液体肥料を与えるとより元気に育ちます。ただし、規定量よりも薄めに。

液体タイプの肥料

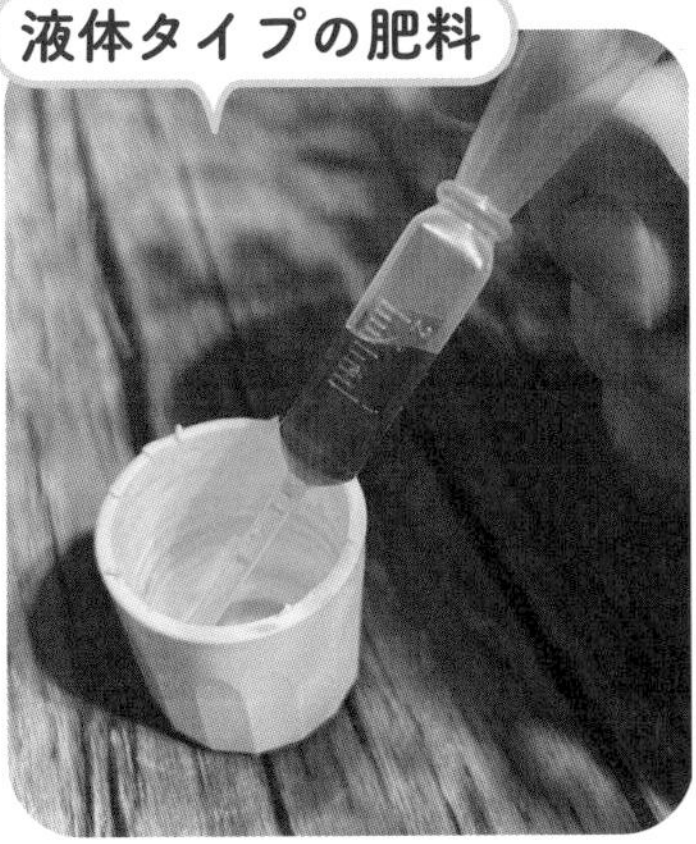

100円ショップやホームセンターにあるスポイトを使うととってもラクに計量できます。

置くタイプの固形肥料

土に押し込むのはダメ！　株元からできるだけ離すことで、肥料が悪い方向に働いても根っこを守れます。

植え替え直後は避けて

植え替え後、2週間以上は間隔をあけてから与えましょう。直後から肥料を与えてしまうと、一気に枯れる可能性が高まります。とくに根を崩した場合はより注意が必要です。

液肥と置肥

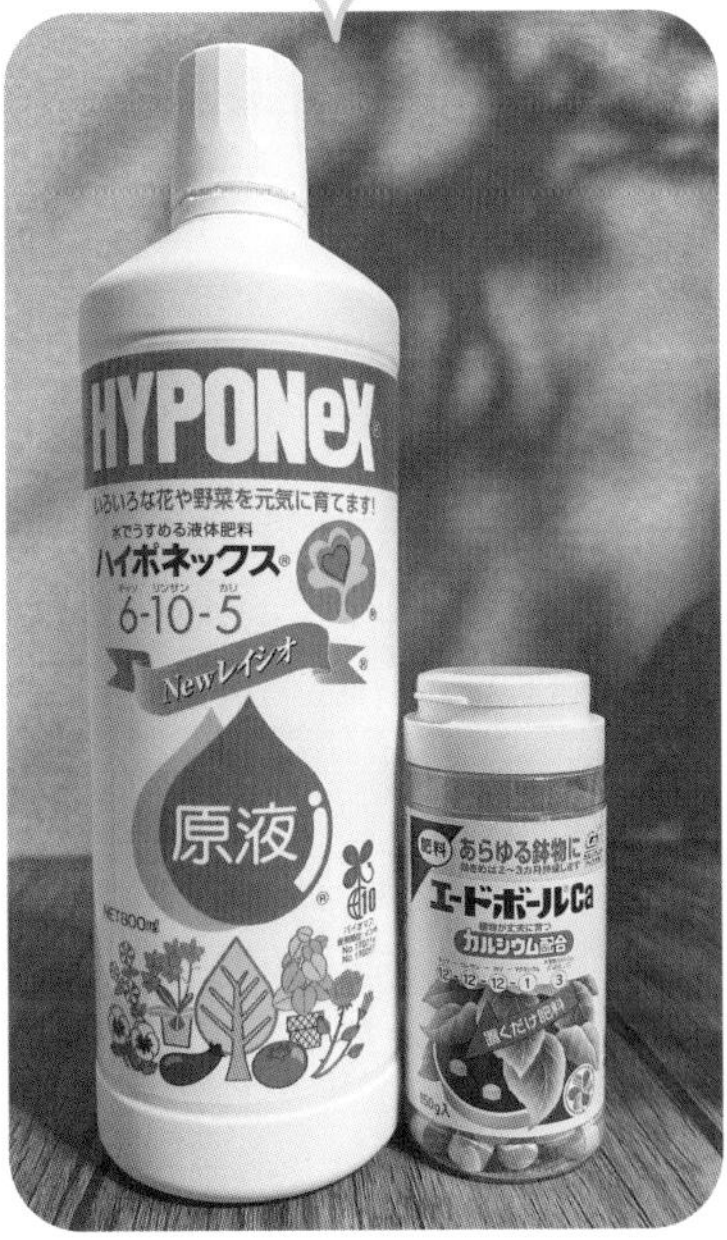

液体肥料と固形肥料を同時に使うときは、液体肥料を規定の分量よりも薄めにしてあげると失敗が少ないです。ただし、観葉植物は草花のように花がたくさんつくわけではないので、どちらかだけでOK。

活力剤はあくまでサブメンバー。使うなら植え替えの前後に

植物を元気にする活力剤。みなさんも、「活力剤と肥料ってどう違うの?」「与えた方がいいの?」と疑問に思ったことがあるはずです。肥料が、塩や酒のような料理の味を左右するメイン調味料だとしたら、活力剤は柚子胡椒や明太マヨ。加えれば料理はよりおいしくなるけど、なくてもなんとかなります。**活力剤も、肥料にプラスすることで、植えつけ後の根の張り方が良くなったりしますが、必須なわけではありません。**

ところで、活力剤はスポイトみたいなボトルを土に挿すタイプが一般的かなと思います。これは「アンプルタイプ」なんて呼ばれているんですが、実は中身に肥料の成分が入っていることが多いんです。だから、メーカーによっては植え替え直後の使用を控えて、と書いてあるものもあります。使用する際はパッケージをよく確認しましょう。

個人的には、**活力剤を取り入れるなら植え替え直後から使えるものを用意しておく**のがいいと思います。人気なのがメネデール。挿し木（p114参照）、植え替え後などさまざまなシーンで使えます。**おすすめの使い方は、植え替え前に与えること。植え替え後に根っこがスムーズに張ってきます。**

大事なのは窒素・リン酸・カリウム

p36でも触れましたが、植物をしっかり育てるには、適切な量の窒素・リン酸・カリウムを与えることが何より大切です。その原則を忘れずに、活力剤と上手につき合いましょう。

MY PLANTS すばやく元気を届けるミスト

スプレータイプの肥料に活力成分が入ったもの。土にシュッとすると根張りが良くなる。
販売元／住友化学園芸

メネデール

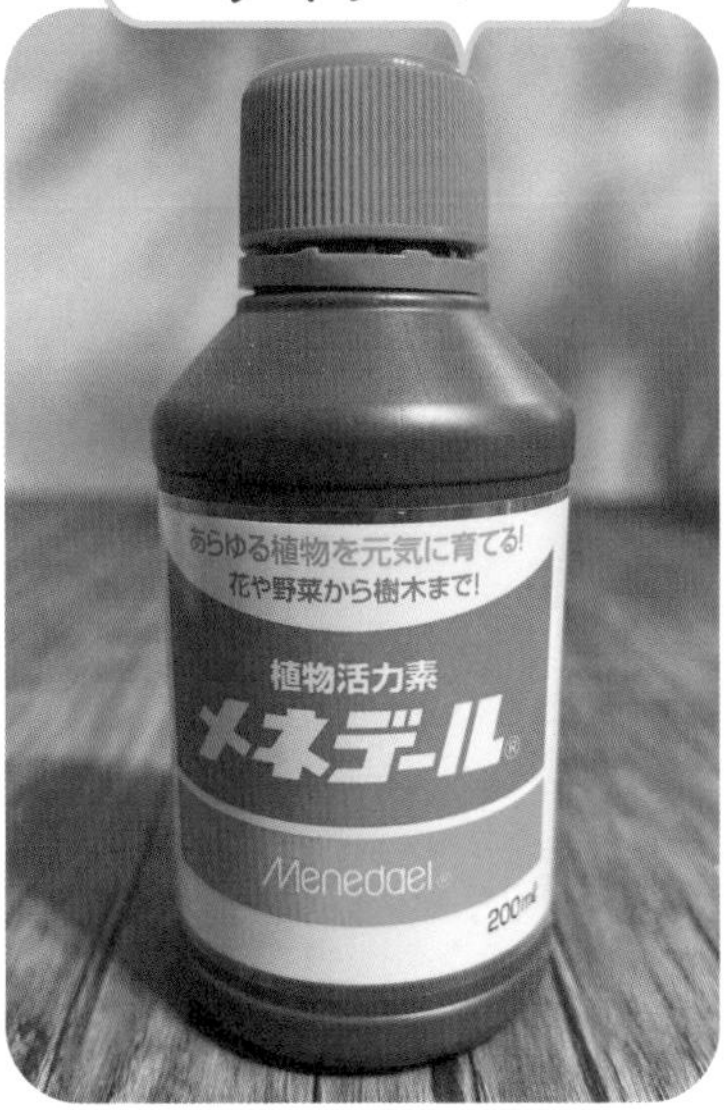

挿し木、植えつけ、植え替え後など、いろいろなシーンで使えるので1本あると便利です。
販売元／メネデール

液肥も活力剤になる

普段使いの液肥として販売しているものも、濃度を普段よりも薄めて与えることで、活力剤的な使い方ができます。冬にも与えることができるので、植物の健康維持に役立ちます。
販売元／ハイポネックスジャパン

珪酸塩白土／ミリオンA

ジャンルとしては活力剤ではありませんが、ミリオンAは優秀です。鉢の上に並べたり、鉢底に敷いたりすることで、ミネラルを補給し、根腐れを防止します。
販売元／ソフト・シリカ

光合成、蒸散、そして…筋トレ？植物に風通しが必要な理由

風通しの良いところに植物を置いて！っていわれてもピンとこない人も多いはず。なので、風通しの大切さについてもう少し詳しく解説します！

風が植物に与えてくれる効果は、次の3つ。1つ目は**筋トレのような役割**。植物は風に揺られると、風に負けないように幹を太くする傾向があります。とくに軟弱に伸びやすい生育初期段階では、風に当てることで徒長を防ぎ、より強い株へと成長させることができます。

2つ目は**光合成を促進させる効果**。植物の葉の表面には、「葉面境界層」なんて呼ばれる、粘性が高くて流動性の少ない空気の層があります。この空気層があると、植物は光合成に必要な二酸化炭素をうまく体内に取り込めず、困ってしまいます。ですが、**風を送ることで葉面境界層は薄くなり、光合成がより活発に行われるようになるんです。**

3つ目は**蒸散＊を促す効果**。蒸散には、**根から水と養分を引き上げる役目**と、真夏に適温から外れた環境でも正常に光合成をするために、**葉っぱの温度を下げる役目**があります。

この3つをまとめると、**風通しを確保することで、植物はより早く強く育つ**、ということになります。水だけを与えるお世話からランクアップして、風のことも考えてみましょう。

扇風機の風でもいいの？

扇風機でもサーキュレーターでも何ひとつ問題ありません。1点だけ、サーキュレーターなどは、連続運転時間が決まっていることがあります。続けて何時間使えるのかはよく確認しましょう。

＊蒸散…植物の体内の水分を水蒸気として外に発散すること。主に葉裏で起こる。

葉面境界層のしくみ

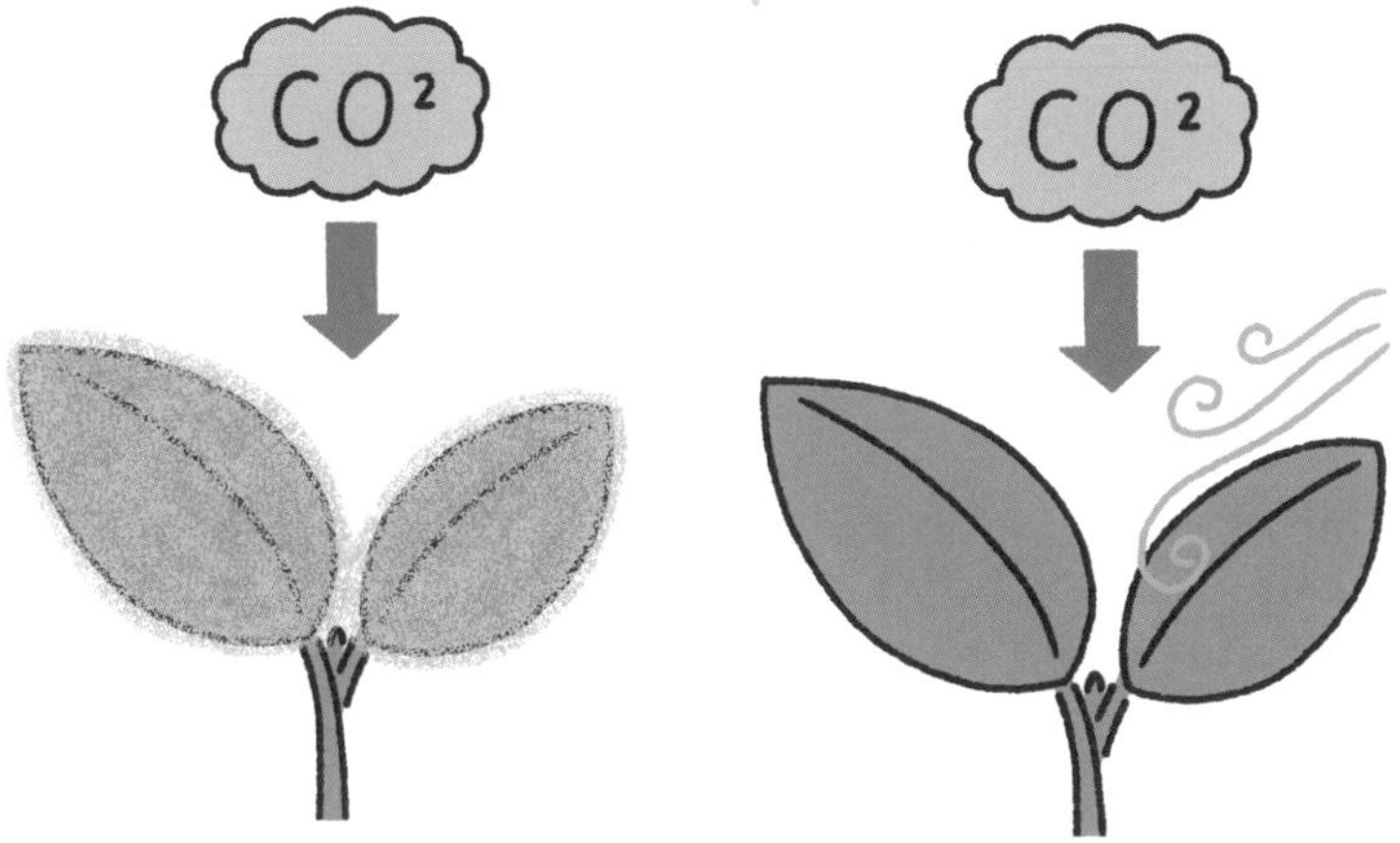

風通しが悪いと、葉の周りに空気の層がたまり、光合成が阻害されます。

風通しが良いと、空気の層も薄くなり、気持ち良く光合成ができます。

換気

サーキュレーターなどがないなら、せめて換気として窓を1日30分くらい開けてあげるといいですよ。

サーキュレーターの回し方

よほど天井が高くない限り、サーキュレーターの首振りは固定して、一方向に風を送るようにすると、部屋の空気が循環します。

基本的な管理・葉のホコリ

鑑賞する葉っぱにホコリはNG。そこでマイクロファイバー手袋

みなさんは商業施設などに置いてある観葉植物に目を向けたことがありますか？ 葉っぱにめちゃめちゃホコリが溜まってたりしますよね。**葉っぱが汚れていると、観葉植物として見た目も良くないし、光合成だって妨げられます。**外にある植物なら、葉が汚れてしまっても雨で洗い流されますが、室内ではそういきません。なので、取り除いてあげる必要があります。

方法は2つあります。1つ目は**拭き取る方法**です。布で葉っぱを拭くだけなのですが、1枚ずつ裏表を拭くのって面倒だし、葉っぱって小さいからやりにくいですよね。そこで**使ってほしいのが、マイクロファイバー手袋**です。100円ショップで簡単に手に入るお掃除グッズなのですが、これが葉っぱを拭くのにちょうどいいんです！

2つ目は**葉水をして取り除く方法**です。p35でその方法を紹介しましたが、**葉水は水が滴るときに汚れも連れて行ってくれるので、葉がきれいに**なります。ただ、滴るくらい葉水をすると、どうしても床が濡れてしまいます。お風呂場などでシャワーをかけるといいのですが、これまた頻繁にやるのは面倒だし、大型の観葉植物は移動が難しい。だからこそ、マイクロファイバー手袋の出番になります。本当に使いやすいです。

水垢みたいな汚れが取れないときは

マイクロファイバー手袋で拭いても、うまくホコリが取れないときは、葉面洗浄剤を使ってきれいにすることができます。「MY PLANTS 葉をきれいにするミスト」（左ページ参照）などの商品が人気です。

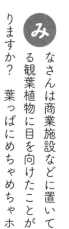

葉面洗浄剤

アジアンタムなどの葉の薄い子には使えませんが、大きい葉にはぜひ。

ホコリが積もった葉っぱ

葉っぱの上は意外とホコリが溜まりやすいんです。

大粒の水滴は水垢の元

大粒の水滴をつけたままにすると水垢になりやすいので、葉水の後は注意が必要です。

マイクロファイバー手袋

両手につけて葉の表面をなでるだけで、ホコリをキャッチしてくれます。とても便利で僕も愛用しています。

column 1

育てることに慣れてきたら
見た目にもこだわりたい！

観葉植物をグッとおしゃれに見せるための商品はたくさんあります。例えば、土の表面を覆う「化粧グッズ」。これを植物と鉢の雰囲気に合わせることで、表情をガラッと変えることができるんです。

入手しやすく扱いやすいものとしては、ココファイバーと富士砂が代表的です。植物をインテリアの一部として生活空間になじませるなら、ココファイバーを使って土の表面を覆う。植物をインテリアの主役として際立たせるなら、富士砂をのせて渋く仕上げる。といった使い方がおすすめです。

注意点は、どちらも土の表面が見えなくなるので、土の乾き具合が読み取りづらくなることと、そもそも水が乾きにくくなることです。そのため、栽培に慣れてから取り入れていく方が失敗しにくいでしょう。

また、大型の植物には、鉢の上にのせてちょっとしたテーブル代わりに使える、プランターテーブルもすてきですよ。

ココファイバーとは鉢上の茶色いもしゃもしゃのこと。

左側が赤玉土の細粒、右側の黒いのが富士砂。この写真の左半分、右半分を交互に覆ってみてください。鉢の雰囲気がガラッと変わります。

CHAPTER2

くりとおすすめ！観葉植物カタログ

くりとおすすめ！
観葉植物カタログの使い方

この章のデータの読み方を簡単に説明します。
少しでもその植物の特徴が伝わり、育てるヒントになるように、
いろいろなデータをあげてみましたが、あくまでも、
これまで植物を育ててきた経験や、自分で調べたことに基づいて書いています。
個体差や置き場所によって、データとは状態が違ってくることもあるので
ひとつの目安として見てくださいね。

1 **植物名** —— その植物の一般的な名前です。

2 **植物の特徴**

3 **科名** ——— 植物分類学上の科名です。

4 **別名** ——— よく使われる別名があるものだけ入れています。

5 **原産地** —— その植物や、その植物の親となった植物が自生している地域です。

6 **水やり** —— 「水をよく飲むな～」って感じる植物ほど、じょうろにたくさんの水を入れて示しています。

7 **冬越し温度**—その植物が耐えられる、おおよその下限の温度です。

8 **好む明るさ**—常に窓辺で日光を欲しがる植物を「日なた」、窓のある明るい室内なら育つ植物を「半日陰」、窓から遠く、光が弱くてもなんとかなる植物は「日陰」と表記しています。

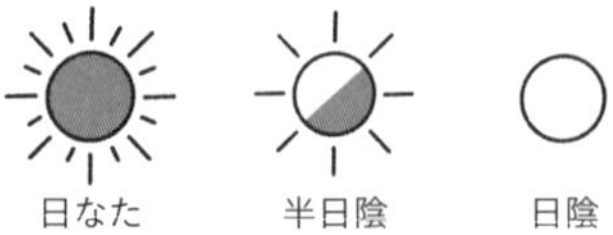

9 **病害虫** ——その植物につきやすい害虫を表記しました。

10 **MEMO** ——その植物の基本的な育て方について、ひと言コメントしました。

植物カタログ
1

窓から入る光をすべて捧げたいほど美しい！
夜になると葉を閉じるエバーフレッシュ

2
1

5 4 3

科名 マメ科
別名 アカサヤネムノキ
原産地 熱帯アジア、中南米

8 6

好む明るさ
水やり
病害虫
アブラムシ
カイガラムシ
冬越し温度
最低 8℃以上

MEMO　思っている倍はデカくなります。伸びてきたら剪定を考えましょう。

オジギソウと間違えやすいエバーフレッシュ。その見た目通り、オジギソウと同じマメ科の植物です。**夜に葉を閉じる**ので、人と同じく夜眠るよ

9 10 7

植物カタログ 1

窓から入る光をすべて捧げたいほど美しい！ 夜になると葉を閉じるエバーフレッシュ

科名　マメ科

別名　アカサヤネムノキ

原産地　熱帯アジア、中南米

MEMO　思っている倍はデカくなります。伸びてきたら剪定を考えましょう。

オ　ジギソウと間違えやすいエバーフレッシュ。その見た目通り、オジギソウと同じマメ科の植物です。**夜に葉を閉じる**ので、人と同じく夜眠るよ

光が弱いところからだんだん閉じる

葉を閉じるとこんなにスリムに。葉を閉じているのは、水分が逃げないようにしているときです。また、全部の葉を一斉に閉じるのではなく、光が弱まったところから段階的に閉じていきます。

枯れた葉？ いいえ、新芽です

この黒い塊みたいなやつが新芽。決して枯れているわけではありません。冬の落葉ですが、水やりを減らしすぎないようにすれば、比較的防げるはずです。

赤ちゃんもスヤスヤおやすみ

赤ちゃんエバーフレッシュだって、大人と同じようにしっかり寝ています。

うに見える姿から、ネムノキとも総称されます。実際には、赤いさやがつく様子からアカサヤネムノキと呼ぶのが正しいので、混同しないようにしましょう。

わざわざエネルギーを使って夜に葉を閉じるのには理由があります。エバーフレッシュは葉が多いので、体内の水分の消費がとても早いんです。そのため、**光合成ができない夜は、水分の損失を防ぐために葉を閉じます。**たまに**昼間でも葉を閉じるとき**がありますが、これは光合成している場合ではないくらい水が足りていない、という合図。**すぐに水をあげましょう。**

冬に葉を落とすので寒さに弱いイメージですが、実は葉を落としてでも冬を乗り越えようとするタフな植物です。

植物カタログ
2

好感度100%の国民的アイドル。観葉植物といえば、このフィカス

科名 クワ科
別名 ゴムノキ
原産地 東南アジア、インド

好む明るさ

水やり

病害虫
カイガラムシ
ハダニ

冬越し温度
最低8℃以上

MEMO　暗くても明るくてもわりとしっかり育つので、初心者におすすめです。

嫌いな人がいないんじゃなかろうか、と思うくらい、どんな部屋にもなじむ植物です。というのも、フィカスには**形、模様が本当にたくさんある**から。

フィカス'ティネケ'

どんだけおしゃれな色彩感覚を持ち合わせているんだ！と聞きたいくらい、神秘的な葉色で楽しませてくれます。ティネケに備わっている細胞は相当なアーティストとみて間違いないでしょう！

レアな斑入りのガジュマル

あまりお見かけしないガジュマルの斑入りです。

でも、おそらくフィカスのなかで最も流通している子は、フィカス・ミクロカルパという種類ではないでしょうか。ミクロカルパの別名は「ガジュマル」。みなさんのご自宅にもあるかもしれません。

そんなフィカスの特徴は、なんといっても**育てやすく、増やしやすい**こと。**環境への対応力に加えて樹形が乱れにくい**イケメンなので、**最初の1鉢にもおすすめ**です。フィカスを購入すると、なぜか違う種類も欲しくなりますが、そんなときの**イチ推しはフィカス'ティネケ'**。初めて見る方は、鮮やかな白い模様に「これ本物の葉っぱ？」と疑いたくなるレベルです。見かけたらぜひ手に取ってみてください。

フィカス‘バーガンディ’

黒い光沢のある葉が特徴。かっこいいけど汚れが目立ち、すぐ光沢が曇ってくる、という難点もあります。このため、バーガンディは葉面洗浄剤やワックスなどを使うと、鑑賞価値が非常に高まります。

フィカス・ベンガレンシス

白くなる幹肌と力強いグリーンが最高！　僕がいちばん好きなフィカスの品種です。葉の表面に細かい毛が生えていて、水をかけるとホコリがスルッと取れるのもお気に入り。

フィカス・ウンベラータ

フィカスのなかでも枝葉の伸長力に長けている子。他のフィカスと比べると葉が薄く、大きいという特徴があります。そのせいで、弱光で育てると薄い葉になってしまい、破れやすかったりもするんです。しっかり太陽に当てることで、厚みのある良い葉が出てきます。

フィカス・ルビギノーサ

「フランスゴムの木」という名前で流通している植物。フィカスにしては非常に脇芽が出やすく、見栄えの良い形になります。

フィカス・ベンジャミン 'スターライト'

ティネケと同じような模様を持ちつつも、ベンジャミン（シダレガジュマルともいう）の特性ももっています。つまり、枝分かれしやすく、ボリュームが出やすいんです。幹が柔らかいので、編み込み仕立てのものも流通しています。

植物カタログ 3

食べたくなるほどかわいい!? クワズイモ。またの名をアロカシア・オドラ

科名 サトイモ科

原産地 オーストラリアから熱帯アジア

好む明るさ

水やり

病害虫 アブラムシ カイガラムシ

冬越し温度 最低13℃以上

MEMO 上からうまく光を当ててあげると、まっすぐに仕立てられます。

最もよく見るアロカシアといえば、「**クワズイモ**」の名で流通している植物です。彼の**本名はアロカシア・オドラ**ですが、なぜか彼だけは本名で

挿し木にするなら茎でなく芋部分を

こういった芋系の植物は、細胞分裂が活発な成長点が常に芋付近にあるので、増やしたいときは芋の部分を輪切りにして挿し穂（親株からカットした葉や茎）にしてください。

葉っぱはなるべく枯らさないで

温度さえ保ってあげれば冬でも葉っぱは残ってくれます。

ユニークな見た目が多数

アロカシア・バキンダ‘ドラゴンスケール’は、竜の鱗みたいな見た目の不思議な植物です。

はなくクワズイモと呼ばれます。

　このアロカシアはフィカス同様、実に沼りやすい植物。葉はRPGゲームのキャラクターが装備する盾のように、大きく個性的な形をしています。寒さが苦手で、**冬に調子を崩すと葉をすべて枯らすことがあります**。というのも、根茎がしっかりしたアロカシアたちは、**落葉して休眠する**ことで冬を越そうとするからです。**葉が枯れた後は水やりを中止**し、冬をやり過ごしましょう。葉が枯れると焦っていろいろしたくなりますが、**茎が硬いうちは正常な落葉とみてOK**です。ただ、**茎がブヨブヨになった場合は根腐れした証拠**で、冬越しは失敗となることも。できれば葉を枯らさないよう**暖かいリビングで休ませて**。

植物カタログ 4

誰もが知る観葉植物の〝ど定番〟。一度は目にしたことがある パキラ

科名 アオイ科

別名 カイエンナッツ

原産地 ブラジル

好む明るさ

水やり

病害虫
アブラムシ
カイガラムシ
ハダニ

冬越し温度
最低 8℃以上

MEMO　見た目のわりには根が少ないので、水があまりいらない子です。

どこに行っても売ってるな、と思うくらい普及している植物です。幹をネジネジ巻いて仕立てた株は、縁起物としてプレゼントにもよろこばれます。

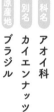

太くならずにひたすら上に

挿し木で増やしたパキラは、幹としている部分が太くなることはほとんどありません。ひたすら頂上付近からスルスルと芽が伸びていきます。

根が少ないので鉢は小さめで

パキラは、幹の太さからは想像できないほど根っこが少ないです。なので、やや乾燥気味に育てたうえで、植え替えるための鉢も小さくしておくのがいいでしょう。

白い葉っぱもかわいいです

パキラの斑入り品種で、「ミルキーウェイ」という名前で出回っています。

ですが、多くの人がパキラを育てているからこそ、育て方に悩む人も多いんです。葉を落としながら**ガンガン伸びるパキラは、気づいたときにはもう上の方しか葉が残っていない**ことがあります。**スタイル良く保つためには剪定でしっかり切り戻す**ことが大切です。とくにネジネジのパキラと、幹が太く、上部がカットされた株は、剪定が欠かせません。反対に、大木のように大きくしたいなら、種から育てた実生株を選んでください。

ところで、**パキラには"ミルキーウェイ"という葉が白い品種と"ムーンライト"という黄色い品種もあります**。緑色のパキラと比べると価格も高いですが栽培難易度も高め。慣れたら挑戦してみてください！

植物カタログ
5

メルヘンの木、なんて愛くるしい呼び名も。繊細な姿のソフォラ'リトルベイビー'

科名　マメ科
別名　メルヘンの木
原産地　ニュージーランド

好む明るさ
水やり
病害虫　ハダニ
冬越し温度　最低0℃以上

MEMO　室内に置くなら寒さはあまり気にしません。凍らない程度に管理をしましょう。

なんて小さい葉っぱ…と誰もが足を止めて見入ってしまうソフォラ'リトルベイビー'。華奢な茎にぴったりの小さい葉が最高にかわいくて、

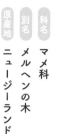

うまく育てればワイルド風にも

剪定を繰り返すと細い幹もだんだん太くなり、力強く見えてきます。

お嬢様のように見えるんだけど…

小さくて細かい葉っぱが最大の特徴。一見繊細そうに見えますが、結構タフです。

葉が落ちてきても焦らないで

育てていると葉がポロポロっと落ちるときがあるのですが、しっかり光に当てておくとまた新芽が出てきます。

つい過保護にしてしまいがちな植物ですが、実はめちゃめちゃ強い子です。**光さえ与えれば、冬のリビングでも新芽が出てくる**こともあります。見た目からは想像できないほどタフ！

そんなソフォラにも苦手なことが。**弱光とハダニにはすぐに「助けてください」オーラを出してきます**。葉が小さいため、人力でのハダニ除去は難しいので、**シャワーの水圧で株から引き剥がし**ましょう。その後はハダニに効く殺虫剤の使用が望ましいです。さらに、被害にあった葉は見た目が悪いため、**切り戻しをして新しい葉を出させます**。ソフォラはしっかり光を浴びると全身の新芽が一気に出るので、比較的簡単に整え直すことができます。

植物カタログ
6

気づけばモンスター化…。姿を変えて成長する賢い植物モンステラ

科名 サトイモ科
別名 ホウライショウ
原産地 メキシコ〜パナマ

MEMO　暗い場所に移しても見た目が変わらないです。でも茎は伸びていきます。

これまた僕の大好きな植物です。**成長すると葉がとんでもなく大きくなり、なぜか大量の穴や切れ込みができてしまいます。**そのモンスターみた

白い斑を維持するのは厳しい

斑入りのモンステラ。白い部分は環境にとても敏感です。そのため、家に連れて帰ると、たいていの白い部分が茶色く変色していきます。

切れ込みの作り方も合理的

葉っぱが少ないときは切れ込みを作らず、成長に合わせて増やしていきます。

こういうタイプもいます

'ジェイドシャトルコック'もモンステラの一種。どうやら穴はあかない子らしい。

いな姿が名前の元になっている、ともいわれるモンステラですが、本当に賢くていい子です。そう思う理由は、葉にできる穴。

植物にとって葉は光合成をするための重要な器官。少しでも表面積が大きい方がいいはずですよね。モンステラは自ら**葉に穴をあけることによって、光を全身で浴びられる、雨や風に耐えやすい、風通しが良くなる、などのメリット**を享受しているんです。モンステラは**他の植物にくっついて育つ**のですが、相手の茎が折れることもあります。すると、モンステラも巻き添えを食らいますよね。葉に穴をあけて下にある葉を生かしておくことで、**一緒に折れてもコッチは途中から成長を再開**できる。なんて賢い子なんでしょうか！

植物カタログ 7

どんどん増える！ どんどん伸びる！ ポトスはメジャーだけど奥が深い

科名 サトイモ科
別名 オウゴンカズラ
原産地 ソロモン諸島

好む明るさ ～

水やり

病害虫 アブラムシ カイガラムシ ハダニ

冬越し温度 最低 8℃以上

MEMO　モンステラと同じようにに育ててあげればだいたいオッケーです！

パキラ並みにメジャーなポトスも奥が深い植物。ポトスには、**茎を下に垂らすと葉が小さく、節間が広くなる特性があります。**また、**ヘゴ棒＊な**

＊ヘゴ棒…ヘゴはシダの一種（p92参照）。太い高木になったヘゴの茎を棒状に乾燥させたものは「ヘゴ棒」と呼ばれ、観葉植物の支柱に用いられる。

ポトス'エンジョイ'

斑入りでコンパクトなポトス。窓際で光に照らされている姿が最高です。

ポトス'マーブルクイーン'

クリーム色系のポトス。明るいところに置くと、白からクリームっぽい色に変わりやすいです。

ポトス'グローバルグリーン'

緑のコントラストが個人的にとても好みです。流通量も多いので、複数購入してボリュームアップさせるのも良さそう！

どの水分を含む支柱や壁に沿わせると、空中で根を出して葉が大きくなります。

　小さい葉がお好みなら、ハンギングにするとコンパクトに模様もたのしむことができます。**葉を大きくしたいときは、水分を含むものに茎を沿わせる**こと。よくある緑色の細い支柱では効果がありません。ポトスは**節ごとにある気根が伸びて水分を取り込む**ことによって、次に出てくる葉が大きくなるからです。どのくらい大きくなるかというと、モンステラくらい。実はポトスもモンステラも同じサトイモ科で、生育スタイルもそっくりなんです。ポトスは沖縄にも自生していて、それはそれは葉が巨大だとか。観光に行かれたらぜひ見てください！

人気だけど栽培が難しい高嶺の花。いや、高嶺のシダ植物アジアンタム

科名 イノモトソウ科
別名 ホウライシダ クジャクシダ
原産地 熱帯アメリカ

好む明るさ
水やり
病害虫 アブラムシ
冬越し温度 最低 8℃以上

MEMO　風や光が強いところだと、葉が枯れやすくなるので注意しましょう。

小さい葉っぱとふんわり広がる樹形から、絶大な人気を誇るアジアンタム。でも、**管理は結構難しく**、ふんわり樹形を維持するどころか丸坊主に

成長はいいので液肥をこまめに

新芽をポンポン出すため、成長期は液肥でカバーするといいですよ。

とにかく水切れには注意

水切れに極端に弱いので、置き場所には気をつけましょう。西日、強風などは避けた方が無難。

夏越しの準備を！

夏場は蒸れに注意。風通しを良くする、梅雨の時期は枯れた葉をスッキリカットする、などの対策が必要です。

なってしまうことも…。

アジアンタムは排水溝に自生していることが多いのですが、その自然の姿にはたくさんの栽培ヒントが詰まっています。

❶深く根を張らないこと
❷土は常に湿っているが水は流動していること
❸栄養をとても必要としていること

この3つを育て方に置き換えると以下になります。

❶深い鉢を避ける
❷土は、水をしっかり含むけど水分が停滞しないものにする
❸成長期には液肥をこまめに与える

アジアンタムの管理に失敗した方は、以上のことを踏まえて再チャレンジしてみてください。目指せ、排水溝プログラム！

植物カタログ
9

おしゃれな家に必要なもの。アート、間接照明、そしてビカクシダ

科名　ウラボシ科
別名　コウモリラン
原産地　オセアニア、東南アジア

好む明るさ

水やり

病害虫　カイガラムシ

冬越し温度　最低 5℃以上

MEMO　風が通り、やさしめの光がしっかり当たるときれいに育ちます。

男性に熱狂的に愛されているビカクシダ。部屋の壁一面をこの植物で埋め尽くしている人もいるほど。ビカクシダは品種の交配が盛んに行われ、

片方の葉しか出ていない場合も

胞子葉だけの状態、貯水葉だけの状態になることもあります。

ビカクシダ・リドレイ

ちょいレアめなビカクシダ、リドレイ。冬場に15℃を下回る環境では生きられないので、お迎えする方は要注意です。めっちゃ寒がります。

2種類の葉は
形がまったく違う

木の幹に向かって広がっているレタスっぽいのが、水や養分を蓄える貯水葉で、手前に飛び出ているのが胞子を作るための胞子葉。

種類が非常に多い子です。お値段も1株150円〜数万円まであります。

そんなビカクシダは、**他の樹木にくっついて生活する着生植物**。地面から水分や養分を吸うことができないので、**光合成をして胞子を作るための葉と、水と栄養を確保するための葉を使い分ける**、特殊な植物でもあります。仕立て方は、より**自然の姿を再現するために、コルク、流木、木板などに水苔と合わせるのが鉄板**。どんな材料を使い、どんな品種を、どこに飾るか。オーダーメイドインテリアのように、自分だけの逸品をたのしむことができます。植物と、合わせる素材、それぞれの表情を活かし、最高のビカクシダに仕立てましょう。

植物カタログ
10

ひっそりと静かに伸びる おしゃれな海藻みたいなサンセベリア

科名 キジカクシ科
別名 トラノオ チトセラン
原産地 熱帯アフリカ、マダガスカルなど

好む明るさ

水やり

病害虫
カイガラムシ

冬越し温度
最低
8〜10℃以上

MEMO　水をやり過ぎないように気をつけてください。この子は乾燥に耐えます。

まるでばっちりメイクした昆布のようなサンセベリア。抜き苗＊で販売されることもあり、そのときの姿は一層の昆布感が漂っています。**肉厚な**

増やすには葉挿しがおすすめ

サンセベリアは、切り取った葉を土に挿しておくだけで根が出てきます。葉を水につける増やし方（p114参照）より管理が簡単でおすすめです。

サンセベリア‘ホワイトハニー’

白いタイプのサンセベリア。暗いところに置いておくと、せっかくの白いところがくすんでしまいます。しっかり光に当てましょう。

サンセベリア・フランシシー

葉が刺さるとめちゃめちゃ痛いウニ派です。育て方は他の子と同じで大丈夫ですが、暗いところで育てると徒長して樹形がすごく乱れます。そこがまたかわいいのですが。

暗いところでもなんとかなる

基本的には明るいところに置いておくべきですが、暗くてもなんとなく育っちゃうので、家のどこにでも置ける植物です。

葉は水分を多く含み、乾燥に強いのが特徴です。

実はサンセベリアには派閥があり、昆布派とウニ派に分かれます。ウニ派は細く棘のようになっている葉が丸く集まるのが特徴です。サボテンのトゲがミシンの針並みの攻撃力なら、ウニ派**サンセベリアのトゲはやり並み**です。床の不用意な場所に置いて、うっかりその上でしゃがんでしまうと、ひどい目に遭います。

取扱注意のサンセベリアですが、**冬越しはかなり簡単**です。1～2月頃の**寒さが厳しい期間は断水する**だけ。ただし**部屋が12～13℃くらいあるなら、月に1回水やりをすると葉が傷みにくい**です。ぜひ部屋にお迎えしてみてください。

＊抜き苗…ポットや鉢から抜いて土を落とした、根のついた状態の苗。

植物カタログ
11

なんだかいろいろな植物に似ちゃっているフィロデンドロン

科名 サトイモ科
別名 ヒトデカズラ
原産地 熱帯アメリカ

好む明るさ	水やり
病害虫	冬越し温度
カイガラムシ ハダニ	最低 8℃以上

MEMO あまりに暗いとうまく育ちにくい印象です。伸びすぎちゃうんですよね。

緑の濃淡のコントラストが美しく、ポトス感の強いこの植物の名前は、「フィロデンドロン・オキシカルジウム'ブラジル'」。育て方もポトス似で、

気根の仕事はいろいろある

茎の途中から出てくるのは気根。他の植物に巻きつくこともありますし、湿度のある場所では水を吸うための地中根に形を変えたりもします。

ポトスなの？いえ違います

フィロデンドロン・オキシカルジウムとポトスは、葉のサイズ感が同じ株でも、茎の太さに差があります。

ポトスと同じ環境ならまったく問題なく元気に成長する子です。特徴としてはポトスよりも茎が細いので、より葉が際立ち、たのしめる植物だと思います。

たくさんの種類があるフィロデンドロンは、本来自立する植物ではなく、茎の途中からバンバン根を出して**他の植物にくっつくタイプ**になります。ただし、オキシカルジウムのように下に**垂れていくタイプ**もあれば、**ある程度自立するタイプ**もあります。むしろ、この自立タイプを見かけることが多いはず。**自立タイプの子たちは、茎が伸びやすく葉も大きいため、光をしっかり確保しないと垂れてきてしまいます**。樹形を維持するのが難しくなるので、明るいところに置くのがおすすめ。

フィロデンドロン
‘バーキン’

バーキンはセロームとうって変わって天使系の植物。新芽は純白で出てきて、次第に緑の発色が強まる、神秘的な植物です。最近では100円ショップなどでも取り扱いが始まっていて、入手のしやすい植物になりました。

フィロデンドロン・
セローム

セロームは、成長とともに落葉が進むと葉のつけ根に目のような跡が残り、葉っぱも大型になってちょっと恐ろしい姿になります。その姿はまさに悪魔系です。

フィロデンドロン・
オキシカルジウム‘ブラジル’

オキシカルジウムはハンギングが似合うフィロデンドロン。こういうグリーン×黄色のブラジル・カラーを持つ植物はなかなかいないので、ついつい見惚れてしまいます。

フィロデンドロン
‘ピンク・プリンセス’

レア品種のひとつです。斑の入り方はランダムですが、葉っぱの半分がピンクになることも！生産者さんのようにきれいに作るのは難しいですが、次はどんな葉が出てくるのか、じっと待ってみるのもたのしいですよ！

植物カタログ
12

スマートボディと対照的な太い幹で たっぷり水を貯えるボトルツリー

科名 アオギリ科
別名 ブラキキトン
原産地 オーストラリア

好む明るさ

水やり

病害虫 ハダニ

冬越し温度 最低 8〜10℃以上

MEMO 水切れに強いので、植物をラクに育てたい方はぜひお迎えを。

ボ

トルツリーは**細長く伸びる葉と肥大しやすい根っこが特徴**です。葉が細いため、大きくなっても見た目はスッキリしているので、どんな部屋に

どんだけ水ため込む気ですか？

太い幹には水分を溜め、乾燥に耐える力が備わっています。

涼しげな樹形は夏にも最適

細長く伸びる葉が特徴で、スッキリとした樹形にはファンが多いはず。

こんな形の葉っぱもある！

ブラキキトン・ディスカラーという種類は葉の形がまったく異なり、サイズも大きくなります。

もなじみます。

　ボトルツリーは初心者でも育てやすい植物なんですが、その理由は根っこに隠されています。通常、根が太い植物は乾燥に強くなる傾向があるため、**ボトルツリーも乾燥にとても強い**のです。うっかり水やりを忘れてしまっても耐えてくれることが多い子です。

　ここでひとつ注意点。乾燥に強いとは、裏を返せば湿潤に弱いともいえます。とくに**水捌けの悪くなった土とは相性最悪**なので、できる限り**水捌けのいい状態を維持**してあげてください。水捌けは土のみならず、鉢の構造によっても左右されます。どうしても根腐れが心配なら、**ゼオライトなどの根腐れ防止剤を合わせて**使用しましょう。

植物カタログ
13

寒さにも乾燥にも異常なほど強い植物界の破壊神、ストレリチア

科名 ゴクラクチョウカ科
別名 ゴクラクチョウカ
原産地 亜熱帯アフリカ

好む明るさ

水やり

病害虫
カイガラムシ

冬越し温度
最低 3℃以上

MEMO 根が肥大するタイプの子なので水切れには強いです。水のやり過ぎに注意。

南国感が強いストレリチアですが、水への欲望の強さは植物界でもトップクラスです。植物は成長していくと鉢の中で根が詰まり、弱っていくこ

真ん中注意です

ストレリチアは真ん中から新しい葉が出てきます。折らないように注意！

不思議なノンリーフ

成長するにつれて葉の面積が減っていくノンリーフと呼ばれるタイプ。

レギネは南国の鳥みたいな花でも知られます

ちょっと見ないうちに大きく…

成長速度は異常に早く、1年程度でかなり大きくなります。

とが多いものですが、**ストレリチアは詰まってきても変わらずに根を成長させます**。最終的には、陶器鉢なら割るし、プラスチック鉢なら変形させてしまうことも。異常に強い成長力なので、どちらかといえば、**プラスチック鉢の使用をおすすめ**します。陶器鉢は鉢カバーとして使いましょう。

ストレリチアでよく見かけるのが、葉幅の広いオーガスタや細めのレギネ。また、レア品種として「ノンリーフ」と呼ばれる子がいます。**ノンリーフは成長するにつれて葉が極端に小さくなり**、最終形態は棒のようになります。ストレリチアは葉の幅が広かったり狭かったりするので、お好みのスタイルを選んでみてください！

植物カタログ
14

女性の支持率No．1？美しすぎる葉に魅了されるカラテア

科名 クズウコン科
原産地 熱帯アメリカ

好む明るさ
水やり
病害虫 アブラムシ ハダニ
冬越し温度 最低 12℃以上

MEMO ハダニにはけっこう弱くて、ハダニがつくとうまく育たないので気をつけましょう。

葉の模様がくっきりしていて、非常に個性を感じるおしゃれな植物です。なかでも人気が高いのが，ホワイトフュージョン，とオルビフォリア。

カラテア・ムサイカ

ムサイカはモザイクのようなシンプルな柄が人気です。僕もまんまとお迎えしてしまいました。

カラテア・オルビフォリア

成長するとこんもり広がってくれる、インテリア性の高いカラテアです。

カラテア‘エンペラー’

エンペラーはレアなホワイトフュージョンの色違いのような見た目。根腐れすると写真のように葉が大きく傷んでしまいます。ただいま養生中の子です。

ホワイトフュージョンは人気も凄まじいですが、価格も凄まじいレア品種。カラテアは高温多湿を好む植物なので、葉をきれいに広げるのがちょっと難しいので、ホワイトフュージョンは安価な種類のカラテアで慣れてから挑戦することをおすすめします。一方、オルビフォリアは価格こそ安いのですが、見た目のエレガントさは価格の3倍は価値があります。とくに、**丸くこんもり広がる姿とやさしいグリーンの葉色は、ぜひ部屋に取り入れたい。**

カラテアは湿度の変化に弱く、とくに乾燥は苦手。乾いた風がビュービュー当たると葉を丸めて拗ねてしまうので、なるべく**湿度変化の少ない場所**に置いてあげてください。

植物カタログ 15

よく目にするのは、世を忍ぶ仮の姿!?
コチョウランをはじめとする着生ランたち

科名 ラン科
原産地 メキシコ、西インド諸島

好む明るさ
水やり
病害虫 アブラムシ ハダニ
冬越し温度 最低 15℃以上

MEMO　強い光に当て続けていると、葉色が抜けてきて白っぽくなってしまいます。

＊データはコチョウランのものです

コチョウランというと、100人中100人が花のしだれたあの姿を想像するのでは？　コチョウランは贈り物としての生産が多いため、仕立

デンドロビウム

葉がパイプのように出てくるのがかわいいラン。着生した姿が最高に美しいです。

セイデンファデニア・ミトラタ

葉が特徴的なラン。ランにハマったらぜひともお迎えしましょう。

コチョウラン（コルク付け）

またの名をワイルド・コチョウラン！　園芸店では、開花の進行度合いによってコチョウランを値引きしていくことが多いです。ランのコルク付けに挑戦するときは、割引の子を選ぶとお得です！

てられた姿でしか流通しません。ですが、コチョウランをはじめとする**ラン科の植物は本来、木の上で暮らしています**。いわゆる**着生植物**なのです。そのため、ランは他の植物とは違う機能を体に備えています。

　まず、大きく異なるのが根っこです。植物は通常、水を吸うために地面に根を伸ばしますが、**ランは木に絡みつくことができるほど強靭な根っこを、空中に伸ばします**。もうひとつ異なるのが光合成です。地面から水を吸い上げられない木の上では、明るいからといって光合成をすると、気孔が開き、すぐに干からびてしまいます。そこで、**光合成の作業の一部を夜に回すことで、水の消費を抑えながら栄養に変えている**んです。

植物カタログ 16

模様のある子は暗すぎ注意! 吊るして仕立てるトラディスカンチア

科名　ツユクサ科
別名　シマフムラサキツユクサ
原産地　アメリカ

好む明るさ

水やり

病害虫　カイガラムシ

冬越し温度　最低 8℃以上

MEMO　きれいに模様を出したいなら、明るいところへ置いてください。

ポトスなどと同じように育てられます。**吊るして仕立てる場合が多く**、ハンギングポットで販売されていることもあります。

本当はこんなに色鮮やか

光がしっかり入るとこんなに鮮やかな葉色になります。

緑だけになった'ラベンダー'

緑一色になった葉っぱ。暗いところで管理するとこうなってしまいます。

ロマンチックな名前です！

「白絹姫」と呼ばれ、シラモンタナの名でも流通するこの子は、葉が白い産毛に覆われている不思議な植物です。

安価で見栄えのする品種「トラディスカンチア・フルミネンシス'ラベンダー'」は、緑の葉にラメのようなキラキラした紫の斑が入るのが特徴です。この**模様は明るい場所ほどくっきり入るため、暗い場所に置くと真緑の葉に**なってしまいます。その場合は、模様のあるところまで**切り戻し、今までより強い光に当てましょう**。次に出てくる葉は高確率で模様が出てきます。

トラディスカンチアは、葉のつけ根に非常に発根しやすい根が潜んでいます。そのため、ここを残して切り、水に入れておけば、すぐに根が出て増やせます。また、長年育てていると株元の葉が枯れて寂しい姿になりますが、**切り戻しをすることで樹形を維持**できます。

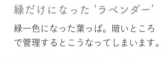

植物カタログ
17

しゃれたあだ名は「ＺＺプランツ」。
ザミオクルカス・ザミフォーリア

科名　サトイモ科
原産地　熱帯アフリカ

MEMO　葉が出てくるスピードはめちゃめちゃ遅い！けどかわいいのよ…。

ザミオクルカス・ザミフォーリアは、頭文字をとってＺＺプランツと呼ばれています。地中からにょきっと生える植物ですが、実は**地中に芋のよ**

おしゃれなフェイクグリーン？

いえ、こちらがレイブンです。ダークな色の葉っぱがとにかくかっこいい！　育て方はノーマルタイプと一緒です。

緑色のノーマルZZプランツ

ノーマルなタイプのザミオクルカス・ザミフォーリア。ツヤッツヤの新芽がたまらないですね。

緑色から黒に葉色が変化

レイブンの最大の特徴が新芽。この子、最初は緑色なんです。徐々に黒く染まる姿をぜひ手元で見てほしいです。

うな塊が眠っています。この芋のおかげか、ZZプランツは、水切れで枯らすことが不可能なほど**強靭な乾燥耐性**を備えているんです。100円ショップでも販売されているので手軽にゲットできますよ。ただし、ストレリチア同様強靭な根を持っているので、ご注意を。

　おすすめ品種は**レイブン**。ZZプランツは通常葉が緑色なのですが、こちらは**葉が真っ黒**。まだ値段は高いですが、最高にかっこいい植物なので、わが家にも仲間入りさせました。

　ZZプランツ、とくにレイブンの新芽が出る瞬間は、感動を味わえるはず。**葉を使って増やす葉挿し**ができるのですが、根が出た後の**成長は非常に遅い**ので、気長に待ちましょう。

植物カタログ 18

土はいらないけど、誰かの側にはいたい エアプランツは寂しがり屋

科名 パイナップル科
別名 エアープランツ
原産地 中南米

好む明るさ
水やり
病害虫 まれにハダニ
冬越し温度 最低10℃以上

MEMO ドライな見た目に反して、意外と水を吸うので、水切れに注意してください。

空気中の水分を吸うので土がなくても育ちます、なんて文句で、雑貨屋さんでも販売されるエアプランツ。正式名は**チランジア**です。確かに**土は**

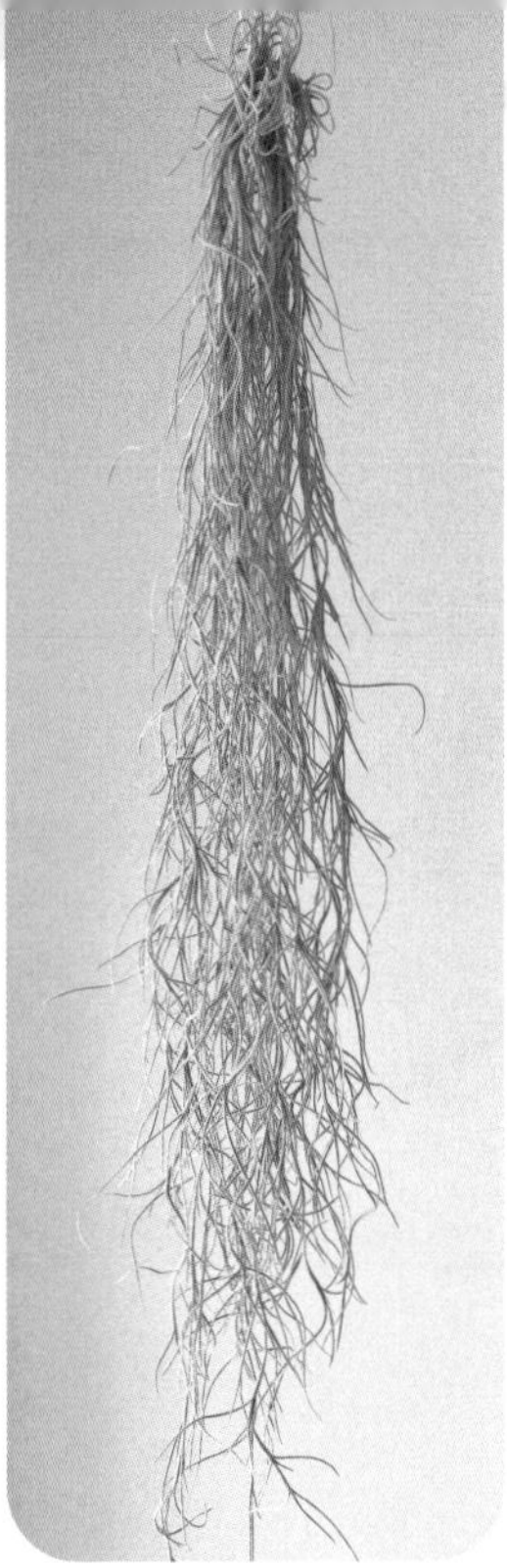

チランジア・ウスネオイデス

ウスネオイデスは生育が旺盛なので、気づいたら伸びています。水やりをしっかりすると緑色になるので、色を水やりの目安にしましょう。色が変わらない程度の霧吹きでは水分が不足しています。

チランジア・キセログラフィカ

エアプランツといえば、このキセログラフィカ。その体にタンクを持ち合わせているので、水を溜めることができます。

まずは安価なところから

100円ショップのエアプランツたち。手軽にはじめたいならここからスタート。ただし、葉にシワが寄っている場合はすでに枯れていたりするので、株選びは慎重に。

なくても育ちますが、着生植物なので水を吸うために根は伸ばします。伸びた根が誰かにくっつくと、エンジンがかかってぐんと成長するため、流木などに着生させ、しっかり根を出させる仕立て方もあるのでぜひ！

失敗で多いのが、水切れ、腐らせてしまう、の２パターン。エアプランツは見た目が大きく変化しないので気づきにくいですが、しっかり水を吸っています。**前回の水やりから１週間以上経ったら、霧吹きでこれでもかというくらい濡らしましょう**。

水やり後の環境にも注意が必要。**ウスネオイデスは濡らした後しっかり乾かさないと、きれいな状態を維持できません**。水やり直後はカビやすい場所を避け、乾かしてから置いて。

植物カタログ
19

「家中どこでもこの子たち」になってしまうほど丈夫な植物シェフレラ

科名 ウコギ科
別名 ヤドリフカノキ
原産地 中国南部〜台湾

好む明るさ

水やり

病害虫

アブラムシ
カイガラムシ
ハダニ

冬越し温度

最低 5℃以上

MEMO とにかく強い！ただ、頻繁に場所を動かされるのは、たぶん嫌いです。

カポックとも呼ばれる植物。「ホンコンカポック」という名で流通する斑入り品種が有名です。価格が非常に安価で手を出しやすく、**観葉植物のな**

暗いと葉っぱが小さくなる

暗いところに置くと葉が小さくなります。でもこれはこれでかわいい…。

光にはちょっと敏感

温度や乾燥の変化には強い反面、光にはちょっと敏感かな、という印象を受けます。「ここだ！」と決めた場所に、どしっと置いてあげるといいかもしれません。

かでも群を抜いて丈夫なことから、植物初心者にもぴったりです。若い幹は柔らかいですが、成長すると木質化が始まり、樹木らしい立派な姿に変わっていきます。そのため、**若いうちに枝を曲げたりすることで好みの樹形に仕立てる**こともできます。

　これといった育て方のポイントもないシェフレラですが、**低日照だと葉がぐっと小さくなり、徒長してしまいます**。一度徒長すると形を整えるのが難しいので、**明るいところに置く方がきれいに育ちます**。シェフレラは、丸みを帯びた葉を、手を広げたような形につけるのが一般的。ですが、三角形とハートの中間のようなかわいい葉っぱをつける、トライアンギュラリスという種類もあります。

植物カタログ
20

日本に自生していながらけっこう難度の高いシダ植物
ヘゴ

科名 ヘゴ科
原産地 南西諸島、東南アジア

好む明るさ
水やり
病害虫 カイガラムシ
冬越し温度 最低 5℃以上

MEMO　育てるのがめちゃめちゃ難しい。ちなみにうちでも枯れました…。ごめんよ…。

葉が全部落ちても、根が生きていればまた出てくるので、諦めずに見守りましょう。

ヘゴは日本の鹿児島県に自生する植物です。種子島では観光スポットとなっている自生地を見ることができます。

日本に生えているってことは、日本の環境に合っているから、育てやすいじゃん！って僕も最初は思ったのですが、それは大きな間違いでした。ヘゴは**高湿度かつ低温という環境が好き**らしく、正反対になりやすい**室内で育てていると、あっという間に葉がすべて枯れ落ち**てしまうことがあります。個人的に、育てるのが難しいなと感じる植物のひとつでもあります。

植物カタログ 21

水が足りないとすぐ拗ねる南国ムードのリュウビンタイ

科名 リュウビンタイ科

原産地 東南アジア、台湾

MEMO ヘゴに似ているけれど、この子はめちゃ育てやすい。ただし水切れしやすい。

ボリュームのある葉は水が不足するとすぐに垂れてきます。株元からしっかり保水しましょう。

根 茎が大きいリュウビンタイは、その体の中に水をたっぷり保持していそうですが、見掛け倒しなので気をつけましょう。「水、蓄える気あるんですか?」といいたくなるほど**水切れ**します。

水やりする際は根茎から。日常のメンテナンスでも、**根茎に霧吹きで水をかける**ようにしましょう。リュウビンタイは根茎の鱗片を使う「鱗挿し」という方法で増えるようですが、この手法はおそらく難易度高めです。**増やすのは栽培に慣れてきてから**にしましょう。

植物カタログ
22

名前は甘くてかわいいけれど気づいたら枯れがちなシュガーバイン

科名　ブドウ科
原産地　園芸種のためなし

好む明るさ
水やり
病害虫　カイガラムシ
冬越し温度　最低8℃以上

MEMO　ツルがだらしなく伸びないように切り戻しを。葉が薄いので、水切れにも注意。

シュガーバインは垂れ下がるように仕立てることが多い。定期的に切り戻すと株元の葉を維持できます。

なぜかシュガーバインを枯らしてしまう、といって苦手意識を持つ方が多いのですが、それには理由があります。

シュガーバインは基本的に、細かく切った節を発根させて、5～6本の寄せ植えにしてポットで販売していることが多いのです。つまり、しっかり**発根した茎は生き、中途半端な成長の茎は枯れてしまう**ようにできているのです。うまく育てるコツとしては、**最初の植え替え時に鉢を大きくするのは控え**て、買ったときと**同じくらいのサイズにとどめておく**ことです。

植物カタログ
23

あっという間に伸びていってめちゃめちゃ暴れるシンゴニウム

'フレンチマーブル'は白い斑入り品種ですが、暗いところに置くと緑の部分が多くなってしまいます。

科名 サトイモ科
原産地 熱帯アメリカ

MEMO　育てるのは簡単。だけど、きれいなスタイルを保つのは難しいです。

買ってきたばかりのシンゴニウムは、ボリュームがあって美しいのですが、それも束の間です。**あっという間に成長して、たいていの場合横に垂れ**てしまいます。

自立させるには、真上から強い光を当てるか、支柱を添えることが欠かせません。しかし、裏を返せば垂らして**ハンギングにもできる植物**だということです。床でも壁でも天井でも、場所を選ばずたのしむことができるので狭い部屋にもおすすめ。色や柄もさまざまで、斑入りや葉裏の色が違うものもあります。

column 2

ハマるととんでもない。
魅惑の実生（みしょう）の世界

主にサボテンや多肉植物などで、種の流通が非常に盛り上がっています。なかには、苗で買うととても高い植物の種も出回っています。

例えば、パキポディウム・グラキリスという塊根植物。おにぎりくらいのサイズで1万円を超える高価な植物ですが、種なら安く買うことができます。もちろん、高価な理由は、そのサイズになるまでにかかる莫大な時間にあるので、単純な価格比較は良くないです。ですが、本当に小さいときから手をかけて、大きく育っていく姿を愛でる、というのもまた、とても魅力的な植物のたのしみ方です。

植物を種から育てる実生栽培。僕もまだまだ初心者ですが、とんでもない深い趣味に出合ってしまったようです。

ちょっと大きくなってきたところ。

実生栽培で芽を出したパキポディウム・グラキリス。

CHAPTER3

植物がよろこぶ! メンテナンス術

これだけは知ってほしい！「植え替え＝鉢を大きく」じゃない

植物を育てていくうえで、**植え替えは絶対に必要になる**作業のひとつです。植物は成長とともに根っこの量が増えていき、次第に自分で自分の根を押し潰すことがあるからです。また、土も永遠に同じものを使えるわけではありません。必ず劣化して、植物の健やかな成長を妨げるようになります。こうした事態を防ぐために、植え替えは行わなければいけないことなのです。

　ところで、この本を読んでいる方のなかに、「植え替えって鉢を大きくすればいいんでしょ」なんて思っている方はいないでしょうか。実際のところ、それは植え替えのごく一部でしかありません。

植物の植え替えには、「鉢増し」「植え直し」「鉢下げ」の3種類があります。「鉢増し」とは、互いに押し潰し合うほど根っこが鉢の中でキツキツなときに、鉢を今より大きくして、土の量を増やすことをいいます。「植え直し」とは、今植えている土や、余分な根を取り除き、好きな培養土に入れ替えることです。このときは鉢のサイズは変えません。「鉢下げ」は、根腐れなどで正常な根っこが死んでしまったとき、鉢のサイズを落として、残された根でも充分に水を吸えるよう土の量を減らすためのものです。つまり、**植え替えとは、根っこに対して土の量を適正に合わせることが目的**なのです。

植え替え時の鉢は大きさ控えめに

春に鉢を大きくし過ぎると、夏までは順調に育っていったのに、冬をうまく越えられない、というパターンが多いようです。そうしないために、鉢の大きさは控えめにしておく方がいいですよ。

根腐れしてしまい、以前よりかなり小さい鉢に植え替えた植物。おかげで今は成長を再開し、無事に復活しています。

こんなふうに鉢裏で根がぐるぐる円を描きはじめたら、根詰まりに向かっているサイン。

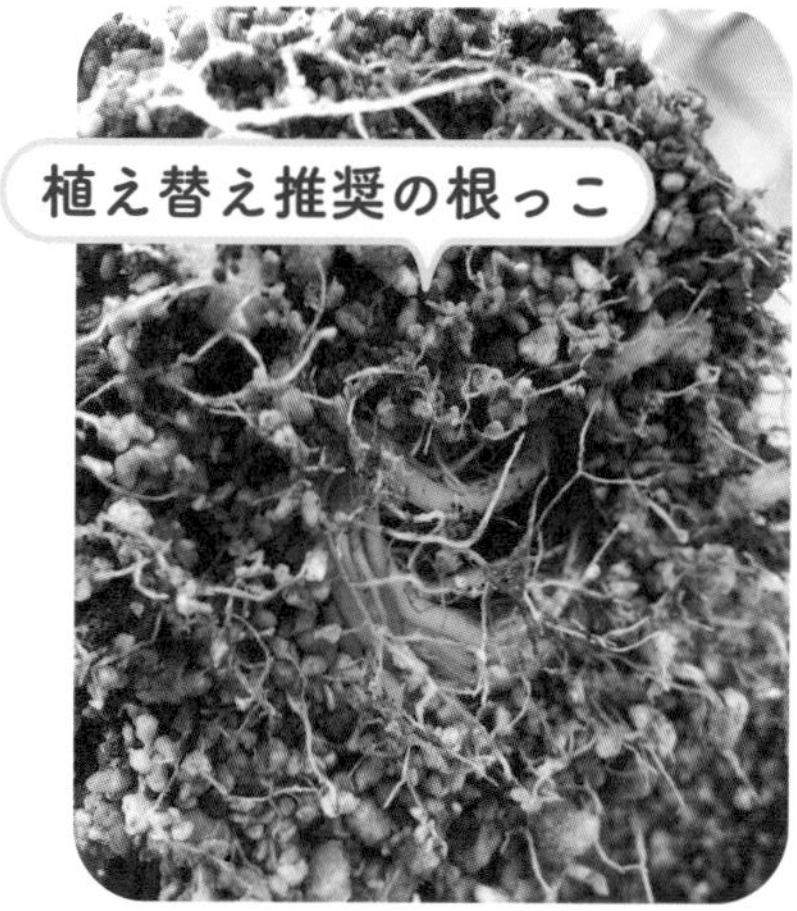

シュガーバインなど、挿し木を寄せ集めて販売されている株は、葉がたくさんあるように見えても鉢を大きくしない方が安全です。というのも、幼い挿し木が何本か集まっているだけなので、５本中２本は生育が遅い、などの場合が多く、枯れやすくなるからです。

一般的に、エバーフレッシュやソフォラなどのマメ科の植物は、根鉢（鉢の形状のままの土の塊）を崩さない方がいいといわれています。僕は試しに崩してみましたが、根を切らずに崩せば問題なく成長しました。

植え替えは難しくない！ ほぐして、浮かせて、水やりを

では、実際に植え替えをしてみましょう！ 大切なポイントは3つ。

1つ目は、**土の表面をほぐすこと**です（左ページ手順❶）。とくに株元の表面の土には虫が潜んでいることが多いので、**できれば3㎝くらい表面の土を除く**と、コバエなどの繁殖を防ぐ効果が期待できます。また、店で買った苗はすでに土が劣化していて、水の染み込みが悪い場合があります。「土を更新する」というイメージで、ほぐしてあげるといいですよ。

ただし、「直根性（ちょっこんせい）」と呼ばれる、**根が途中で分かれずまっすぐに伸びる植物は、上手に土をほぐさないとそのまま弱る**ことがあります。直根性でわかりやすいのは大根。観葉植物でいうとマメ科で、エバーフレッシュなどです。こういう植物は根が切れると再生が難しいため、雑に土を取ると危険です。土を全部替えたいときは、散水ホースの水流を使って剥がすのがベスト。

2つ目は、**深植えしすぎないこと**（手順❷）。植え替え時は苗を片手で浮かせながら、周りに土を入れてください。

3つ目は、**植え替え後に大量に水を与えること**（手順❸）。植え替え直後の土には細かい粒が溜まっているので、水を与えると土の粒で濁った水が鉢底から流れてきます。この水が透明になるまで、あらゆる角度から水を与えてください。

鉢トントンしてる？

手順❷で土を入れた後、鉢をトントン叩いていますか？　ただ土を入れただけでは、根と根の隙間に土がしっかり入っていないことが多いんです。これを防ぐために、茎を押さえて鉢を横からトントン叩きましょう。

手順 1

土をほぐす

とくに土の表面から3㎝程度は、ほぐせるようなら土を取り除いてあげて。ここはコバエが卵を産みつけやすいゾーンになります。

手順 2

苗を浮かせて植え込む

土を入れる際は、片手で苗を浮かせながら作業するのがベストです。もし根っこがうまくほぐせず、根鉢そのままの形で植え替えるのであれば、浮かせなくてもOK。肥料は不要です。

手順 3

たっぷりと水やり

NG例

最初は濁った水が出てきます。この状態ではまだまだ水が足りません。

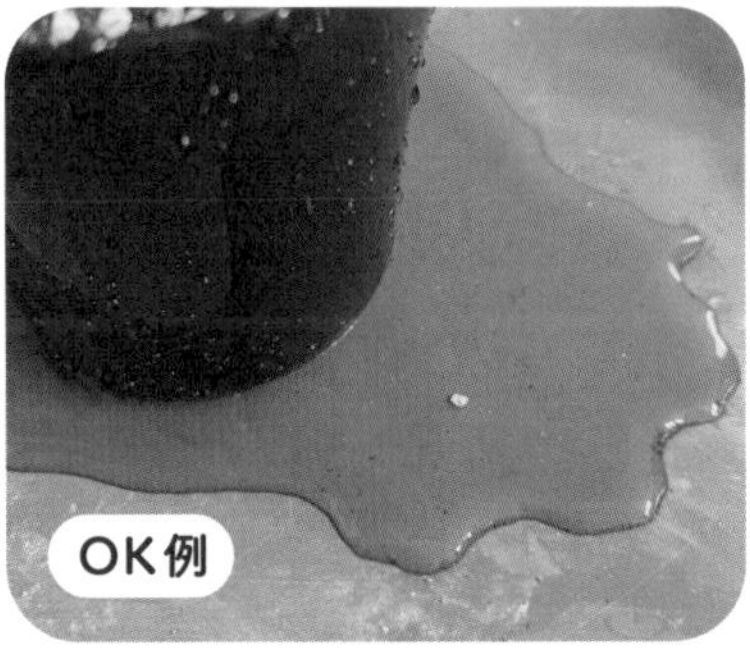

OK例

ここまで水が透明になれば、土の中はめっちゃきれいになっています。元気な根っこがたくさん出てくるでしょう。

植え替え後の管理

まさに植物の生死を分ける！植え替え後の適切な管理

植え替え後の管理ひとつで、簡単に植物を枯らせてしまうことがあります。**すぐにしおれてしまった場合、次のような原因が考えられます**。

1つ目は、**根っこを切って植え替えたのに、葉っぱを切っていないこと**。植物の根っこと葉っぱは常にリンクしています。根っこから吸える水の量と、葉っぱから蒸散する水の量が釣り合っているからこそ、植物は正常な状態でいられるんです。もし根っこを切るならば、地上部の葉も切ってあげましょう。

2つ目は、**植え替え直後から日光に当ててしまったこと**。根っこを崩さず植え替えた場合は該当しませんが、根っこを崩している場合、植え替え後には今までよりも暗い場所での管理が必要です。植物にとって、根っこを崩されるのは、人間でいえば冷蔵庫の中身を勝手に入れ替えられたり、スマホのアプリの配置を勝手にいじられたりしたときくらい、ストレスを感じるものです（怖いですね）。そうしたストレスいっぱいの植物は、暗い場所でゆっくり休ませてあげましょう。

3つ目は、**肥料を与えてしまったこと**。肥料は植物が吸ってくれないと土の中にどんどん溜まり、濃度が濃くなってしまいます。肥料が高濃度になった環境では、根がうまく機能できずに、植物が傷んでしまうことがあるんです。

植え替え後はなるべく環境変化をなくして

植え替え後は、湿度も、温度も、風通しも、日当たりも、1日を通して安定した環境に置いてあげること。こういうストレスの少ない環境こそが、植物にとって最高に理想的な置き場所なんです。

リキダスなら植え替え後でも○

肥料は、固形も液肥も、必ず植え替え後２週間はあけてから与えましょう。もし早く根づいてほしい場合は、植物用活力液「リキダス」が有効です。
発売元／ハイポネックスジャパン

植え替え後は落ちつける場所に…

植え替え後の植物にとって、日当たりや風通しが良すぎる窓の前はやや過酷な環境。ひとまず窓から離してあげてください。

植え替え後の水やりはたっぷり

植え替え後は、すぐにたっぷり、これでもかというくらい水を与えてください。反対に、多肉植物などは、植え替え後3〜4日程度切り口の乾燥期間をとってあげないと、その切り口が傷口となってどんどん腐っていってしまいます。

強い風にも注意

風が吹くと、植物は蒸散が活発になります。あまりに風が強い場所、風が当たり続ける場所は、避けた方が無難です。

冬だけどどうしても植え替えたい。ならば、とにかく根鉢は崩さない！

寒いけど、どうしても植え替えたくなってしまうとき、ありますよね。

一般的には、冬は植え替えを控えるべき、といわれています。その理由は、**植物たちは低温の環境下では生育を止めている**からです。つまり、植え替えたところで、根を伸ばす元気がないんです。僕らも、冬の寒い朝は布団から出たくないですよね。それなのに布団を剥がされたりしたら…だいぶ嫌ですよね。植物だって寒いときは動きたくないんです。

では、「冬に植え替えはできないのか？」「絶対にダメか？」というと、そうでもありません。なぜなら、植物が動きたくない理由はただひとつ、「寒いから」なのです。つまり、**暖かくしてあるお部屋なら、植え替えしても問題ありません**。とくに、**夜でもずっと15℃を下回らない環境ならば、全然大丈夫**です。安心して植え替えてください。

寒い環境で暮らす方も、諦めないで！**植物の植わっている根鉢を崩さなければ、植え替えは可能**です。例えば、冬に植物を購入して、ビニールポットのままだと根腐れなどが心配、という場合は、根鉢を崩さず（左ページ写真説明参照）、そのままの状態で他の鉢に移してあげればOKです。ただし、**植え替えた後は、なるべく暖かい場所で管理**してあげる方が安心ですよ。

冬に悩むくらいなら…

冬になって植え替えしようかどうしようかと悩むくらいなら、9月の段階で植え替えが必要かをチェックしてあげるといいですよ。9月は植物がとても過ごしやすい時期。植え替えできるラストチャンスです！

簡単な防寒方法

植え替え後の植物は、なるべく温度変化が少なく、常に15℃以上を保てる環境に置いてあげましょう。安く保温するなら、発泡スチロールの箱がおすすめです。発泡スチロールは外の冷気が伝わりにくいなど保温性に優れています。

根鉢はそのままキープ

鉢の形状のままの土の塊を根鉢というのですが、冬の植え替えはこれを崩さないように気をつけてください。もし崩しちゃったとか崩れちゃった場合は、暖かい部屋で2週間程度管理してあげると、根を活着させることができます。

床から離れると暖かい！

冬場の窓付近は、部屋の中心と比べて温度が低いんです。できるだけ窓から離し、床からも離れた棚の上などに置きましょう。

根鉢が崩れると…

気をつけていても、こんなふうに根鉢が崩れてしまうことも。だから、寒い環境で暮らす方にとって、冬の植え替えはなるべく避けたい作業ではあります。

かわいそうで剪定ができない？ それなら、この2つだけでも覚えて

剪定って必要なのかよくかわからないけど、なんとなく切ってますって方、多いです。では、剪定は本当に必要なのかというと、**生育的には切らなくても全然大丈夫**です。ただ、見た目的には、**切らないと格好悪くなったり、切ることでよりおしゃれに植物をたのしむことができたり**します。つまり、ハサミの入れ方を覚えると、植物を思い通りの形に仕立てられるので、今より数倍充実した植物ライフを送れるんです。

覚えるべき要素は2つだけ。1つ目は、**「頂芽優勢」**を知っておくこと。植物は、他の植物よりも早く上に伸びなければ、陰に入ってしまい生存競争に勝てません。

そのため、**いちばんてっぺんにある芽（頂芽）を優先して成長させる**システムが、常時稼働しています。このシステムは優秀で、頂芽が傷ついても2番目だった芽が1番目となり、すぐさま成長をはじめます。つまり、剪定するとそのすぐ下から成長が再開されることになるんです。

2つ目は、**内芽と外芽の関係**。植物には、葉と幹の間に隠れた新芽があります。新しい芽が伸びるときは、必ずその位置から伸びるようになっているんです。芽のうち、**幹の方へ伸びていく芽を内芽、幹から離れる方向に伸びていくのが外芽になります**。剪定では、**基本的には外芽が伸びる少し上で切る**のがセオリーです。

パキラは剪定推奨？

100円ショップでもおなじみ、誰しも見たことがある植物、パキラ。パキラは剪定しないと枝が上にビョーンと伸びて、不恰好になります。そして気づいたときには、どこまで切り戻していいのかと悩むんです。

中心に向かって伸びるのが内芽。枝分かれしている植物は、中心に向かう内芽の上で剪定してしまうと、すぐ下の内芽が伸びて、結局は幹にぶつかることになり、いずれ切る羽目になってしまうんです。

○にも芽が潜んでいるけれど、頂芽優勢によっていちばん空に近い芽が伸びます

頂芽がなくなったことにより、2番目の芽が1番目の芽となり成長しています。

芽の付け根の1cmくらい上で切れば、だいたい平気です。

外側に向かって伸びるのが外芽。外芽のある位置の上で切ると、さらに広がるように葉を展開してくれます。

太くかっこいい幹にするには植物を退屈させないこと!?

植物が幹を太くする理由って想像できますか？　植物には、体に外部刺激が加わったときは、上方向への成長を止めて幹を太くする、というシステムが備わっています。このすばらしいシステムのおかげで、植物は過酷な自然環境でも順調に生育することができるんです。つまり、**幹が太いのは順調に生育している証**であり、幹が細い植物とは刺激が少ない植物ともいえます。

　でも、刺激を与えようと、植物をしょっちゅう外に出したり引っ込めたりするのは大変です。すぐにできる刺激の与え方としては、**部屋の窓を2か所開けて、しっかり風を通す**こと。または、**サーキュレーターなどを使って人工的に風を送り、刺激を与える**ことが有効です。

　注意点がひとつ。サーキュレーターなどで人工的に風を送るときは、長時間葉がバサバサ揺れるような位置に植物を置かないでください。**葉が微かに揺れている**…という程度でOKです。

　剪定や、わざと幹を曲げる曲げ仕立てにすることで、幹を太くすることもできます。とくに剪定をすると、脇芽にたくさん栄養を送ることができるため、幹も太くなりやすいといわれます。太くしっかりとした幹を作るには時間がかかるので、その間は適度に刺激のある環境と、**充分な肥料を与えて**あげてくださいね。

モンステラにはたくましさを求めない

モンステラやポトスのように自立しない植物は、幹を太くするための栄養を葉の伸長力に回しています。この子たちがなかなか太くならないのはそのせいですので、気長に成長を待ちましょう。

刺激を与えた
フィカスは太くなる

右と左のフィカスは同じサイズで購入した株なんですが、だんだんと幹の太さに差が出ててきました。左の株はワイヤーで曲げて剪定したものですが、幹が太く成長しています。

曲げたり、よく刺激を与えたりした植物は太くなりやすいんです。

実生パキラの
幹はユニーク

このパキラはまだですが、種から育てた「実生」のパキラは、株元からとっくり型に膨らむ、という面白い性質があります。

カラテアは
太くならない

カラテアのように成長点が地中にある植物は、幹を太くするという性質がありません。

これぞ観葉植物の醍醐味！自分だけの姿形に作り込む

みなさんは、園芸売場で幹がくねくね曲がった植物を見たことがあるでしょうか。最近は幹を曲げて仕立てられた植物がとても人気なので、生産者もひと手間かけて、曲げた状態の株を作って出荷しています。そんな**曲げ仕立ての植物は自宅でも作ることができる**んです。

初めての方は、**比較的幹の柔らかい植物を選び、アルミワイヤーを使って「曲げ」を試してみる**のがおすすめです。シェフレラやソフォラなどは比較的曲げやすい植物です。**幹の太いフィカスなどは、アルミワイヤーだけだと形が作りにくいため、支柱を立て、そこに曲げた幹を結ぶ**といいでしょう。

樹形を作り込むには、光の当て方についても知っておくといいですよ！ **植物は、葉を伸ばすときに、光がどちらの方向から来ているかをしっかり認識して**います。この性質を利用すると、例えば**腰窓のような高い窓から光を当てれば、葉は上に向きやすく**なります。反対に、マンションなどの上の階で、ベランダがある掃き出し窓の場合は、横からの光が多いため幹が傾きやすかったりします。また、**光を強めると幹の節と節の間が縮まり、反対に光が弱いと伸びる**、という性質もあります。こういった植物の性質を上手に利用して、自分だけのスタイルを作り込んでみましょう。

アガベやグラキリスは芸術品にも！

作り込む、といえば、アガベなどの多肉類や、グラキリスなどの塊根植物。まるで芸術品のような形に仕立てる人が多く、価格も1万円から10万円を超える高額なものまで、いろいろ出回っています。

**ワイヤーで
仕立てたソフォラ**

ソフォラは曲げやすくてとても扱いやすい植物です。

**支柱を使って
仕立てた枝**

迷ったらこの形で固定するのもありです！

**光がくる方向に
傾いた葉**

窓の近くに置いていたせいで、手前に傾いたフィロデンドロン。これを直すには、徐々に鉢を回転させ、葉っぱたちを動かさないとダメです。

光の当て具合で形を調整

芽が出てきてほしい枝の葉に光がよく当たるようにすると、ちゃんと成長してくれます。

茎がヒョロっと伸びてしまったら もう一度仕立て直しをしたい

ひたすら上へ伸びていく植物を見つめ、どうしたらいいかわからずに頭を抱える…これは、誰もが通る道です。**太陽の光が少ない環境にいる植物ほど、ヒョロ〜っと伸びます。**一度茎が伸びてしまった植物は、残念ながら縮まることはありません。そんな植物を仕立て直す方法は、2つあります。

1つ目は、**切り戻し**を行うことです。切り戻しとは、**植物の背丈をグッと切り詰めて、不恰好に伸びてしまった部分を取り除く**ことです。植物は切り戻されると再度新芽を出してくれるので、そこからまた育て直すことができます。ただし、暗いところに持っていって管理すると、またまた茎が伸びてしまうので、明るい場所へ置きましょう。

2つ目は、**いちばんてっぺんの芽を切って挿し木にする**方法です。切り戻しの際に切ったてっぺんの芽を使うと◎。この方法なら、株をきれいに作り直すことができます。フィカスのように1本ものの幹にする際にはとくに有効です。挿し木の詳しいやり方はp114で紹介しますので、ぜひチャレンジを！

仕立て直しは必ず生育期に行いましょう。気温の低い環境だと植物は新芽を出す力がないので、挿し木なども成功率が低いです。**とくにおすすめな時期は梅雨！**湿度も温度も最高の条件です。

形を保つためにもライトは有効

梅雨の時期は植物が育ちやすい環境なんですが、同時に光が不足しやすく、ヒョロっと徒長しがちです。そういうときは、植物育成用のLEDライトを取り入れてみるのがおすすめです。

部屋が暗いときは育成ライトも活用

見た目がおしゃれだし、太陽光に近い光で照らしてくれるので、観葉植物はとてもよく育ちます。

クリップライトもいいね

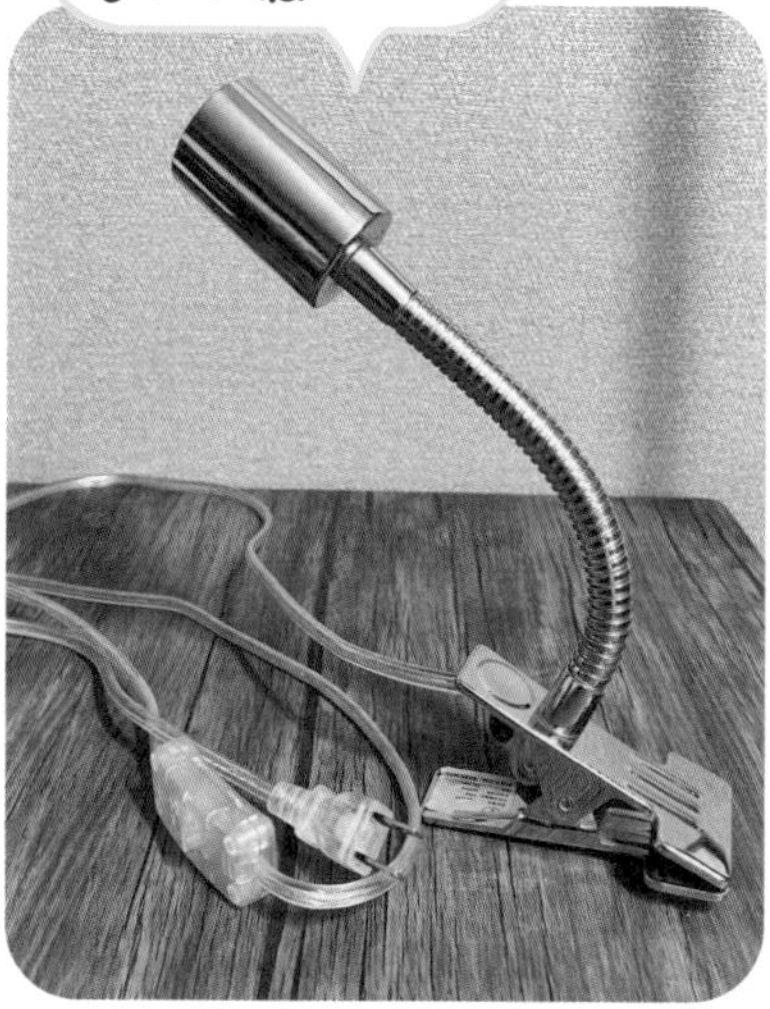

個人的には、場所を選ばず、好きな位置から植物に光を届けられるクリップライトが使いやすいです。

切り戻しは上から1/3程度までに

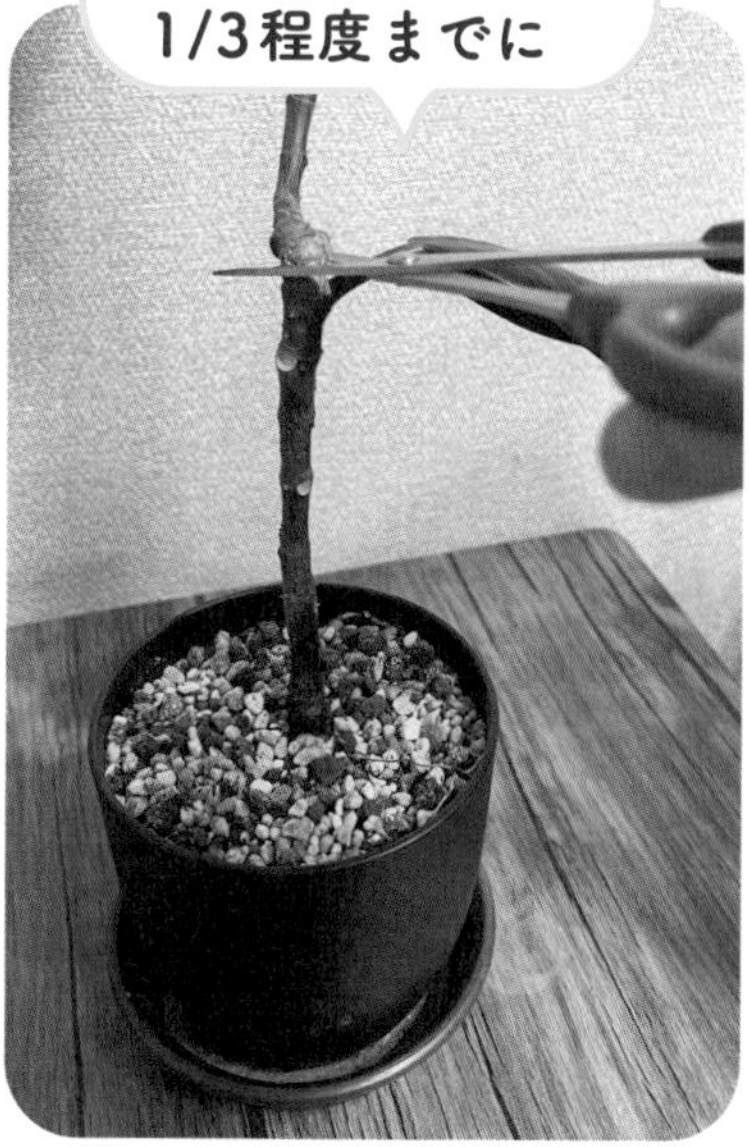

いきなり幹の下まで切り戻すと、そのまま枯れかねません。ハサミを入れるのは幹の上から1/3程度にして、一度様子を見るのがおすすめです。

ポトスは挿し木で一気に仕立て直す！

ポトスなどツルが伸びる系の子は、てっぺんの芽にこだわらず、茎を3節（p114参照）ごとに切って発根させましょう。売場に並ぶポトスも、写真のように挿し木を集めたもの。この方法は、簡単だし、一気にボリュームが出せます。

もっともベーシックな増やし方 挿し木をマスターしよう

植物を増やすときは、ひとつの鉢に植わっている植物から、枝や葉などを切り取り、新しい鉢で成長させます。それにはいくつかの方法がありますが、なかでも真似しやすく、**成功率が高い「挿し木」という方法**を紹介しましょう。おすすめは手軽にできる「水挿し」です。

植物以外に必要なものは、**深めのビン、ゼオライト、剪定バサミ、水**です。まずビンの底にゼオライトを薄く敷き、水を入れます。

次に、挿し穂（挿し木に使う枝）の準備。**増やしたい植物の天芽**（**幹のいちばんてっぺんの芽**）**を切り取り**ます。植物の葉と幹の合わさるところを節と呼びますが、この節が1つ分あれば増やすことは可能です。ですが、3節以上残す方が発根が早いため、なるべく天芽から3節以上取れるようになるまで待ちましょう。

切り取った挿し穂は、茎を斜めか水平にカットし、切り口をビンの中の水につけて、茎の根元から根が出るまで待ちます。**水が減ったらその分だけ足し、毎日の水替えは不要**です。藻などが発生したときは、ビンとゼオライトを洗って、新しい水を入れましょう。**ビンを置く場所は、窓から離れているけど明るめで、強い風が当たらない**ところがおすすめ。なお、挿し穂を植える手順は左ページを見てください。

シダ植物は挿し木ができない

アジアンタムなどのシダ植物は、芽が出る場所が1か所にまとまっていて、成長点と呼ばれています。こういう植物は「株分け」で増やしましょう。簡単にいうと、植物を縦半分に切って分けるイメージです。

挿し穂はこんな大きさ

節は3節
以上残す
水に浸かる部分に
ついている葉は取
り、根っこが出る
まで待つ
鉛筆とだいたい
同じサイズ

フィカスなら、挿し穂を鉛筆くらいの長さに作ります。

挿し穂を植える手順

1 根っこは多めに出るまで待つ

土栽培にするときはなるべく根っこは多い方が安心です。根が少ない状態で植え替えると、水より乾燥している土に慣れていない子たちは弱りやすいからです。

2 鉢は小さめを選ぶ

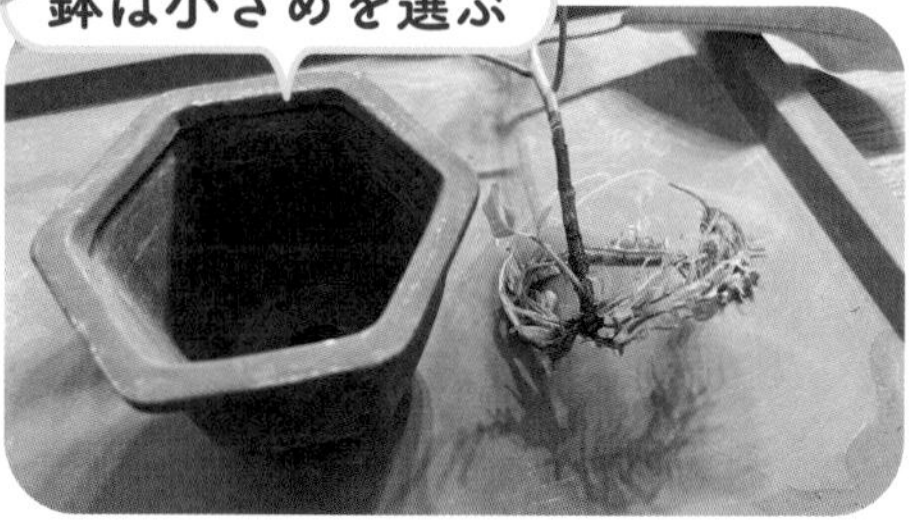

植え替えるときに大事なのは鉢選び。最初に思った大きさよりも、若干小さめの鉢に植え込んであげましょう。地上部のサイズに合わせると大きくなりがちなので注意が必要です。

3 土を入れて植物を植えるだけ

植えるときに特別なケアは不要です。鉢には土を入れてあげるだけでOK。植え替え後2週間以上過ぎたら、薄めた液肥を与えましょう。冬になる前にどれだけ根っこを丈夫にできるかがポイントです。

植物につく害虫の種類

観葉植物を狙っているイヤな3大害虫にご用心!

観葉植物によくあるトラブルのひとつに、虫による被害があります。

とくに観葉植物を弱らせる3大害虫には、しっかり対策をとらないといけません。

1つ目の害虫は**アブラムシ**。この虫はメス1匹で繁殖し、**植物の新芽から樹液を吸います**。また、脱皮をするため、繁殖量が増えると**植物の周りに白い抜け殻が散らばります**。見つけ次第殺虫剤を使用して、なんとか繁殖を食い止めましょう。ちなみに、1匹のアブラムシは、30日後に余裕で1万匹を超えるほど増えてしまいます。また、アブラムシの排泄物は糖分を多く含むため、アリを引き寄せたり、葉の上に落ちた排泄物にカビの一種が繁殖して、黒い粉状に見える「すす病」を誘発することがあります。

2つ目は同じく吸汁する**カイガラムシ**。**米粒サイズの虫**で、成虫になると噴霧タイプの薬剤が効きにくくなります。植物に薬剤成分を吸わせる方法か、油のような性質の薬剤で虫を呼吸困難にさせて駆除する方法が有効です。ただし、薬剤を散布しても「虫の死骸」が残るので、歯ブラシなどで削ぎ落としましょう。

3つ目は**ハダニ**です。この虫は葉裏によくつく虫で、**葉の緑色の部分が白く擦れ**、葉の見た目が悪くなります。やや強めのシャワーなどで吹き飛ばすか、殺虫剤での駆除をおすすめします。

ハダニは葉水で駆除できる?

ついている葉から吹き飛ばすことはできますが、完全に駆除しきるのはなかなか難しいです。ただ、高湿度の環境はハダニがつきにくいので、湿度を上げることで予防することはできます。

ハダニがつくと、このようにクモの巣のような糸が張られ、葉色がかすれて見えてしまいます。

VиniSouza128 / PIXTA（ピクスタ）

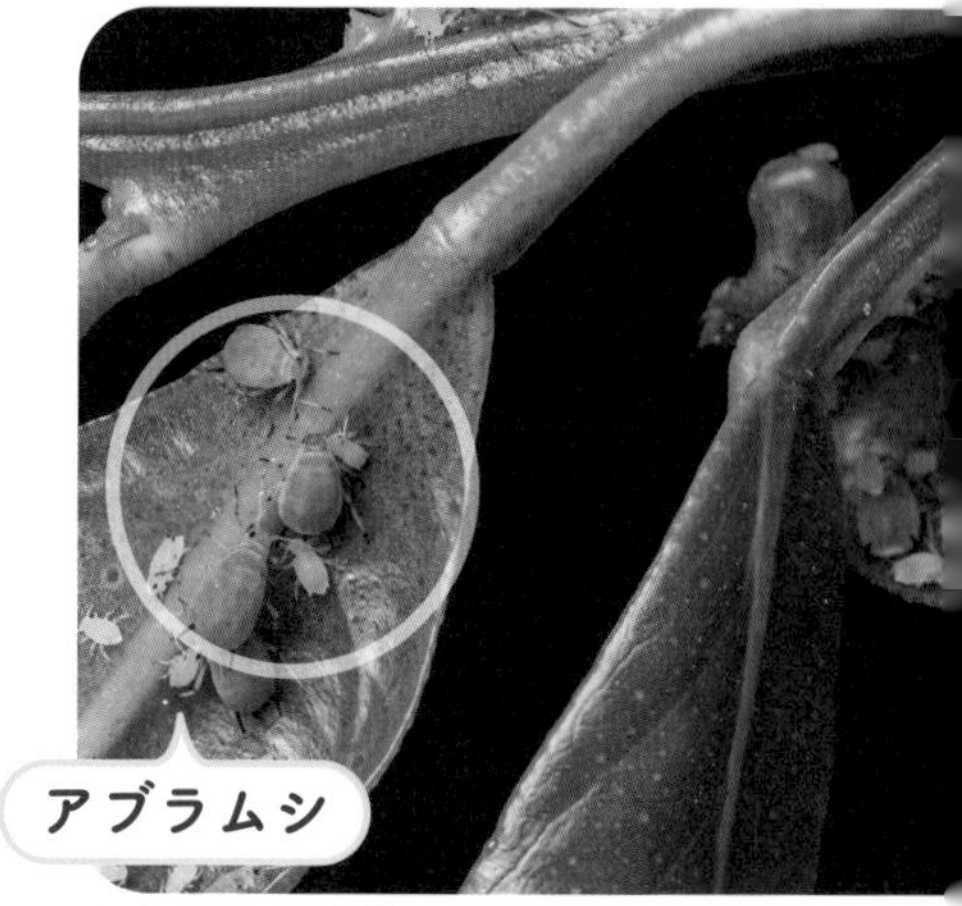

とくに柔らかい新芽につきやすい

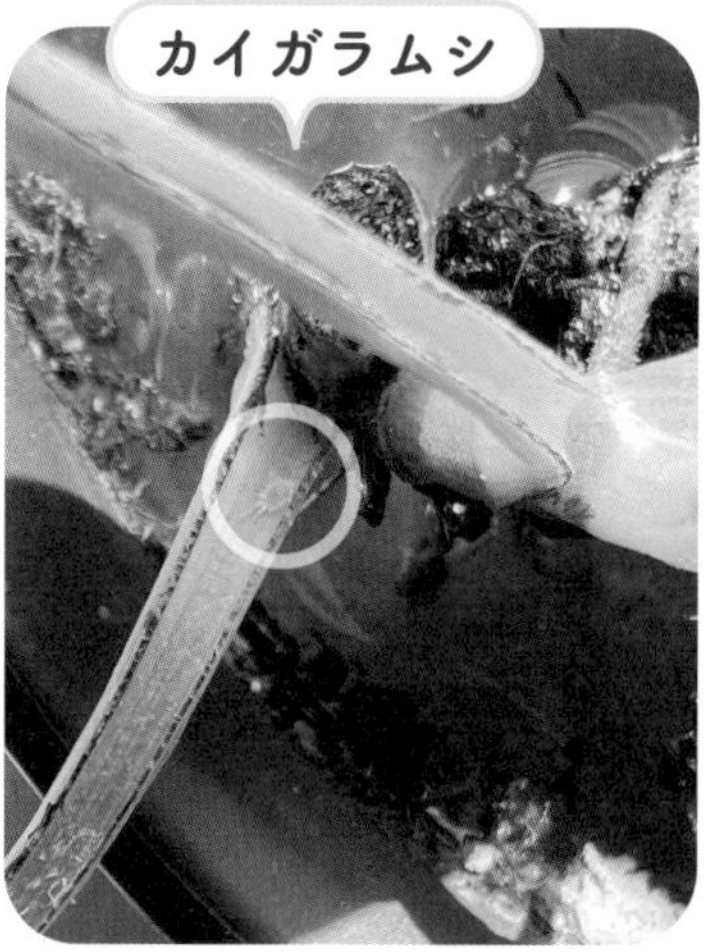

茎と葉の間に潜んでいることが多い。数匹程度ならピンセットで引き剥がすのも有効です。

こういうのもいます。植物に害はないんですけど、部屋を飛んでるとうっとうしいですよね。

殺虫剤の使い分け方

守りを固めるか、攻撃するか。殺虫剤は使い方で選ぶ

植物につく害虫を駆除するには、やはり適切な薬剤選びが大切です。**薬剤の種類は、大きく分けて2つ。植物に抵抗成分を付与するタイプと、害虫に直接有効成分をぶつけるタイプ**です。

前者は、**虫に効く成分を植物に吸収させておき**、害虫が樹液を吸うと殺虫成分が体内に入って、効果を発揮するものです。**パッケージに「浸透移行性」などと書かれた商品**がこれに該当します。代表的かつ広く知られているのが、「**オルトランDX**」。アブラムシ、カイガラムシなどに有効です。ただし、ニオイがやや強く、室内のすべての植物に一気に散布するとツライので気をつけてください。

直接有効成分をぶつけるタイプの殺虫剤は、ハンドスプレータイプが多いです。こちらは、植物にかけて使います。**殺虫成分で駆除するものと、天然成分を水飴状にして虫を覆い、駆除するもの**があります。いわゆる農薬も含むので、農薬の使用を避けたい方は、食品成分由来のものを使うといいですよ！

大きな害はないのですが、観葉植物を育てているとコバエに出くわすこともあります。**コバエに対しては空間にスプレーするタイプの殺虫剤を散布**しつつ、今使っている土に有機物が含まれていないか確認しましょう。無機質の土に変えるだけでも数がかなり減ります。

殺虫剤の総使用回数って？

殺虫剤の裏面には「総使用回数４回まで」などと書かれていますが、これは４回しか使えないという意味ではなく、基本的には1年間で、という意味です。植物によっては短い間隔のものがあるので、よく確認を。

BotaNice 飛びまわるコバエ退治 1プッシュ式スプレー

2週間に1度、コバエの生育サイクルに合わせて噴霧すると効果的。

販売元／アース製薬

オルトランDX

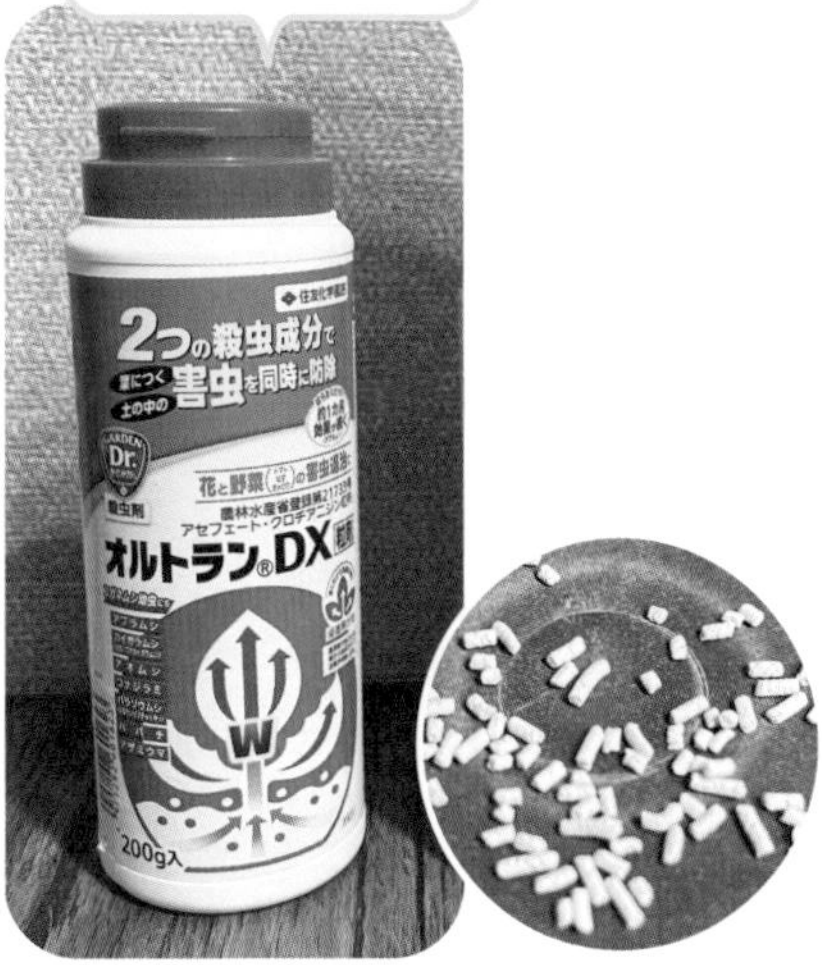

定番中の定番の殺虫剤。株元にまくタイプ。効果がある害虫が多く、万能ですが、ちょっとニオイがあるんですよね。

販売元／住友化学園芸

花いとし

ミルベメクチンという有効成分が、ハダニを駆除してくれます。また、噴霧の際に滴る薬剤が土に落ちるとコバエも減少させる、という効果が確認された優秀な殺虫剤です。

販売元／アース製薬

水ではじめる ラクラクバルサン

通常、この手の殺虫剤は植物にかかると枯らしてしまいますが、青色のバルサンに限っては、植物がある部屋で使用可能なんです！

販売元／レック

春の管理が1年の勝敗を決める！手をかけて丁寧なお手入れを

春といえば、植物たちが1年の中で最も栄養が必要なときであり、春にどれだけ丈夫に育てられたかによって、真夏、真冬を乗り切れるかが決まる、といってもいいほど大事な時期です。そこで、春に意識・確認するべき、植物管理の3つのポイントを解説します。

1つ目は、**鉢の中に根っこが新しく伸びるスペースがあるかどうかの確認**です。新芽は出るものの、同時に落葉もしているときは、根詰まりを疑いましょう。鉢から植物を出して底面を確認し、根っこがぐるぐる円を描いているようなら、植え替え推奨です。

2つ目は、**新芽が出たらまずは液体肥料をあげる**こと。植物たちは、寒い冬をようやく乗り越えて新芽を出しています。冬の間に受けたダメージを回復させてあげるために、サッと液体肥料を与えてください。最初は規定量よりも薄めにしてあげるのがおすすめ。

3つ目は、**強くなる日光への対処**です。春は日照時間が伸び、気温も上がるので、外に出した植物をしまい忘れると、結構な確率で葉焼けが起きます。年中室内で管理している場合は、レースのカーテンで遮光された光を当てていれば問題ありません。**春は、冬の痛手からの回復と夏を乗り越えるための準備期間ですので、たっぷりお世話して**あげてください。

朝晩の寒暖差にも気をつけよう

暖かい春とはいえ、夜や朝方にはまだまだ冷える日もあります。日中屋外に出した植物のしまい忘れにはくれぐれもご注意ください。大きな寒暖差がある環境は、植物にとってとてもツライものがあります。

春に落葉することもある

フィカス・ベンジャミンによく起きるのですが、冬に乾燥などのダメージにあった場合、春に一度落葉することがあります。この場合、新芽もすぐに出てくるので、特別な対策はいりません。

新芽の立ち上がり時期には肥料を

新芽が出るタイミングで肥料が土に残っていないのはNG。葉が黄色くなる原因にもなります。

光が届く範囲にご注意

夏に向かうにつれて太陽の位置が高くなります。部屋の奥にいる子には光が届かなくなるので気をつけましょう。

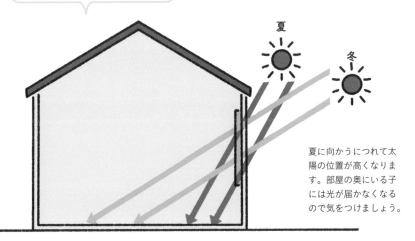

夏は植物がいちばん元気なとき？ とんでもない！ 夏バテ気味です

観葉植物は夏にものすごく育つ、と思われていますが、実際は違います。とくに8月は、昼間が暑くて夜も暑い、という最悪な環境になります。なぜ「最悪」なのか、詳しく見ていきましょう。

植物が光合成をするのはよく知られていますが、**植物は酸素を吸って二酸化炭素を吐き出す「呼吸」もしています**。この呼吸量は、温度が高くなるほど上昇するんです。夏でも明るい昼であれば、呼吸量より光合成による栄養の生産量が上回ります。でも、夜は光合成ができないため、呼吸によって、蓄えた栄養の消費だけが起きます。つまり、**夏は植物が元気に育つはずだと思いきや、夏の植物たちは普段より疲れているの**が実態なのです。**真夏に植え替えをしてはダメ**なのも、**肥料を与えてはいけない**のも、こうして耐えている植物を思ってのことです。

夏前にくる梅雨にも充分注意してください。悪天候が続き、日光が足りない梅雨の時期、植物はどうしたってひょろひょろと**徒長をして、弱く育ってしまいます**。この弱く育った状態で、それまでより乾燥し、高温になる真夏の環境に突入すると、**夏バテしたかのように調子を崩す植物が出てくる**ことがあるんです。夏バテを防ぐには、あらかじめ肥料を与えるなどして、**しっかり栄養を吸わせておくことが有効**です。

実はサボテンは夏が嫌い

いかにも夏っぽいサボテンですが、休眠して夏をやり過ごす子が多いのです。このとき、水やりは控えましょう。ただし、影響するのは室温なので、一括りに「夏だから水をあげない」とは決めつけないように。

植物同士の間隔をあける

夏場は温度が高く、湿度も上がりやすいため、植物同士の間隔を少し広めに取ったり、サーキュレーターなどで風通しを良くしたりしてあげましょう。

半日で鉢が乾いてしまうなら、朝と夕方の2回水を与えるか、遮光して光量を少し落とすなどの方法で調整しましょう。

夏は水やり頻度を上げて

遮光は必ずしよう

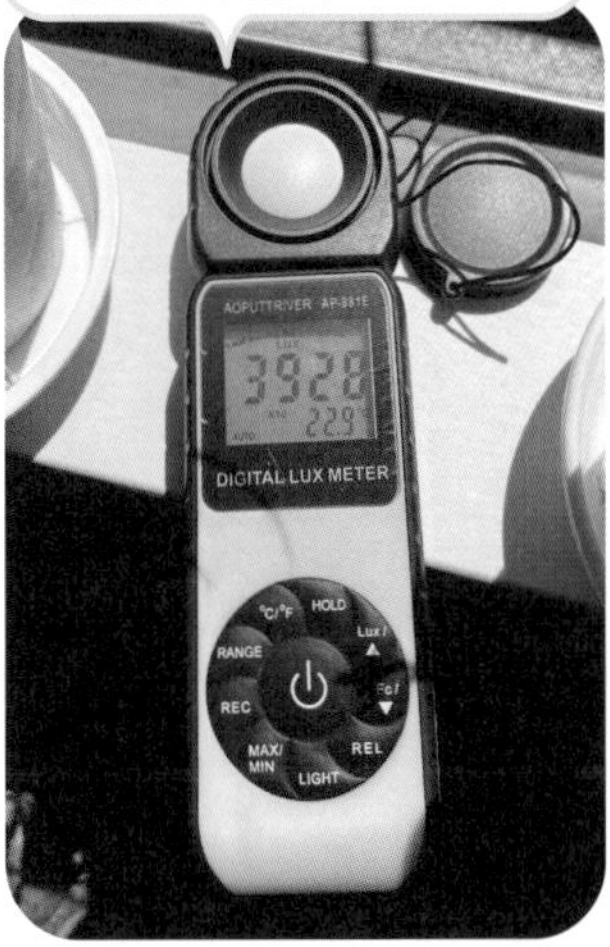

網戸だけで遮光すると3.9万ルクス。すりガラス+網戸+レースカーテンにすると、4千〜1万ルクスくらいになるはずです。つまり、植物をいきなり強い光に当てるっていうのは、人間が4倍暑い太陽の下に出るようなものです。

夏休みに旅行に行くときは…

水切れが早くて枯れそうな子は、鉢皿に少し水を溜めておくことで、やり過ごすことができます。「水やり当番」などの給水アイテムも有効ですよ。

秋のお手入れと管理

冬に向けての最終準備期間。たっぷり肥料をあげてかわいがる

植物にとって、**秋は春の次に過ごしやすい季節**だったりします。とくに、8月後半から10月後半までは、気温が最適な状態に。ということは、肥料の出番なんです！ この**秋の肥料がめちゃめちゃ大切**で、冬に部屋が寒くなる方ほど意識してほしいところ。植物は寒くなると栄養を吸収できなくなるので、冬はそれまでに蓄えた栄養でなんとか生き抜くしかありません。そのため、なるべく元気な状態で冬に突入させないと、途中で弱ることがあるんです。

どんな肥料が最適かというと、**カリウムに特化した肥料がおすすめ**です。**カリウムには植物の生理機能を高める効果があるので**、温度変化に耐える丈夫な子に仕上がります。さらに、置き肥ではなく、**持続性のない液体の肥料を選ぶ**ことも大切です。液肥は効果期間が非常に短いため、効果のコントロールがしやすいからです。また、液肥なら、水の分量を多くして濃度を薄めれば、冬に突入した後も与えることができます。こちらの特徴に合う肥料には、p37で紹介した微粉ハイポネックスが該当します。

肥料を与えつつ、同時に行っていきたいのが水やりの管理です。こちらは、**水やり間隔をちょっとずつあけていき、根っこを冬の乾燥した状態に慣れさせる**ことが狙いです。

水やり間隔の調整は少しずつ

人それぞれ水やりの基準があると思うのですが、秋は室温が下がるにつれて＋1日にするなど、少しずつ水やり間隔をあけていきましょう。明日から1週間あけます！という極端な管理は植物に負担をかけます。

剪定も避けたい

秋はとにかくエネルギー温存の時期です。剪定などはしないようにしましょう。傷口を塞ぐのにも体力を使います。

夜の葉水は控えよう

夜になると気温がグッと下がってくる秋口は、夜の葉水が乾かずに残ってしまい、葉を傷める原因になります。

雨の日は水やりをお休みしても

秋から冬へとどんどん寒くなると、水分の自然乾燥がしにくくなり、植物の水を吸う速度も落ちていきます。とくに、雨が降った日などは暗くて寒いため、植物はほとんど活動しませんので、水やりはスキップしてもOK。

10月前半がギリギリです！

鉢底から根が見えたため、植え替えをしようと思いつつズルズルと先伸ばしていたら、もうすぐ冬という方、結構多いです。10月前半が植え替えのギリギリの最終、デッドラインです。この時期の植え替えは、根鉢を崩さず、鉢底から出てきた根をしまう程度にしてください。

悩ましい冬の水やり。量はそのまま頻度は天気と相談を

寒さが苦手な観葉植物にとって、**気温の下がる冬はとくに気をつけたい時期**。間違ったお世話をして調子を崩してしまうと、ほぼ元には戻らないので注意しましょう。

冬の管理でなんといっても**難しいのが、水やりの加減**です。量はいつも通りあげていいのか、頻度はどのくらいがいいのか、とても悩ましいですよね。

量については、いつも通りで大丈夫です。反対に、土の表面に霧吹きをするだけ、みたいな管理は避けてください。でも実際には、土が乾かなそうだからと水の量を減らしてしまう方が少なくないんですよね。土が乾かなそうだと思うなら、春から秋の間に鉢のサイズを小さくしておくといいですよ。

水やり頻度は、いつもより間隔を長くとって大丈夫です。とくに天気予報で**雨や曇りが続くと出ているときは、水やりを控えて晴れる日まで耐えさせる**といいでしょう。悪天候の日の夜は冷えるので、より気をつけたいところです。とくに、昼間、日光浴をさせた後は要注意です。

室内でも窓際エリアは温度が下がり、床に直置きの植物は鉢の中まで冷気が伝わってしまいます。**窓から離す、床から離すといった対策が必要**です。冷気を遮断するには、発泡スチロールが非常に有効。安価で手軽な保温材料です。

春夏と外で管理していた鉢は

最低気温15℃を下回るようになる前に、室内に取り込むのがおすすめです。植物が弱ってきてからでは難しいので、元気なうちに室内環境に慣れさせてあげましょう。

部屋を換気したいなら

冬でも部屋の窓を開けておきたい方は、植物を窓際に置かないようにする方が安心です。冷たい空気に当たり続けると、植物も調子を崩します。

暖房は乾燥に注意

エアコンなどで部屋を暖める方は、乾燥に注意しましょう。冬場の乾燥した空気の中で温度を上げると、さらに乾燥が進みます。加湿器などの併用が望ましいです。

冬は台の上に置くのが◎

暖かい空気は上にあがるので、鉢をやや高い台の上に乗せるといいですよ。床に直置きはおすすめできません。

水やり＆葉水は暖かい日に

とくに夜の水やりや葉水がルーティンの方は注意が必要です。植物を冷やしてしまうので、なるべく暖かい日を選んでお世話しましょう。

冬のお手入れと管理②

最低気温が15℃以上の暖かい室内に置くなら肥料も必須

冬越しで気をつけなければいけないことはまだあります。植物によって対応が変わる肥料のことです。

ほとんどの園芸本には「冬は肥料を与えません」と書いてあるのですが、これが該当するのはあくまで寒い環境にある植物です。植物は日照時間と温度を感じるセンサーを持っていて、たくさん光を浴びることができて暖かい環境にいると、成長をはじめるようなシステムになっています。つまり、**外が極寒だとしても、植物が置いてある部屋が暖かければ、植物は春と同じように成長**するんです。このときに**肥料が完全に切れていると、調子を崩してしまう**ことがあります。

植物ごとに成長スイッチの入る温度は若干違うのですが、経験上、**最低気温が15℃を下回らないことが大切**です。もし室温が15℃を下回るようなら、植物は成長を止めて耐えるモードになります。このときは肥料を吸収できないので、**液肥は与えず、固形肥料が残っている場合も取り除いて**ください。

風通しについても注意が必要です。**冬は換気をすると部屋の温度や湿度が急激に変化し、植物に負担がかかります。**サーキュレーターなどで人工的に風を通す方が土の乾きも良く管理しやすいのですが、ないときは**晴れた暖かい昼間に換気する**ことで負担を減らしましょう。

冷房だけでなく暖房の風もNG

エアコンの風が葉を揺らし続けると、植物は相当なストレスを受けてしまいます。枯れてしまうほどではありませんが、管理が難しくなるので、常に風が当たる場所に置くのは控えた方がいいでしょう。

エバーフレッシュやフィカス・ウンベラータは、冬に葉が落ちても春になればまた成長するほど強い子です。

葉が落ちても諦めないで

サーキュレーターを併用することで暖房効率も良くなり、設定温度が低めでも暖かく感じられます。風はエアコンに向けるか、真上に向かって送りましょう

ソフォラは観葉植物にしてはかなり強い耐寒性を持っています。地域によっては屋外越冬できるほど丈夫です。

低温時には

超低温時に休眠するおなじみの植物として、サンセベリアがあります。見た目はそんなに変化がないのでわかりにくいですが、極寒の時期は水をまったくあげない「断水」で管理しましょう。ただ、最近の住宅は暖かいので、休眠しない子も増えているようです。

column 3

観葉植物好きが共感する
観葉植物あるある6選

ドラマの背景に出てくる植物が気になってしょうがない

あ、この植物ほしい。この主人公の部屋植物多いな！などと気になる。

植物が心配なので遠出ができない

２週間海外旅行とか厳しい…。

洋服屋さんにディスプレイされている植物に元気がないと、アドバイスしたくなる

「おいおい、何千年植え替えしてないん、これ!!」と心の中で叫びます。

植物の葉っぱを間違えて破いてしまったとき、植物よりも自分が痛がる

とくに新芽ほどダメージがでかいです。あぁあぁあ、ごめんよ…。

鉢を買いに行くたびに植物を買ってしまい、結局、常に鉢が足りない

なぜ毎回自分好みの植物置いてるん？バイヤー天才か？

剪定した植物の枝が捨てられず、無限に増えていく

だって、切った枝がかわいそうだから…。

CHAPTER4

園芸店員の技を公開！トラブルシューティング

トラブル 1

Q 葉が黄色くなってきた。切った方がいい？

A 黄色くなった葉は切らないで！

葉が黄色くなるとすぐに切ってしまう方が多いですが、植物も事情があって葉の葉緑素を分解していることをわかってあげましょう。

葉が黄色くなると悪いことのようなイメージがありますが、**黄変する理由は秋の風物詩「紅葉」と同じ**です。紅葉は、落葉樹が冬の環境を乗り切るために、栄養コントロールをして幹を活かす特殊な仕組みです。観葉植物の葉が黄色くなったときも、**「黄色＝切る」ではなく、なぜ黄色くなるのかを考えてあげる**のがポイントです。

僕の経験上、**葉が黄色くなる原因トップ3**は、**肥料不足**（とくに冬から春の境目の時期）、黄色くなった葉に**光が当たっていないから**、さすがに**寒すぎるから**、です。葉を切るより栄養をあげてたっぷり光に当て、暖かくすることが大切です。

このアロカシアの黄色い葉は、まだ切らずに残しておきます。もう少しグタッと枯れたらカット。

フィカス・ウンベラータのように、切らなくても自分で葉をきれいに落としてくれる子もいます。このタイプは、ハサミを入れると無駄に樹液が垂れることになるので注意してください。

トラブル 2

Q 葉が急にくしゃっと枯れてきました

A 根が傷んでるはずなので植え替えをおすすめ

突然**葉が強く傷んできたときは、根っこに異常が出たサイン**。下の写真のような症状の植物を植え替えてみると、決まって根が腐っています。**根が腐る原因は土の水捌けの悪さ**です。とくに、泥に近い状態の土は中まで乾かず、空気も含まないので、根っこにとってはきつい環境。

室温を15℃以上に保つことができるのであれば、ぜひ土を入れ替えてあげてください。根腐れが確認できたら、**茶色く腐ってしまった根っこは取り除き、今までよりも小さい鉢に植え直して**あげると、たいてい復活して葉の傷みは止まるはずです。冬に根腐れした場合は、可能な限り植物を温めてなんとか冬をやり過ごすか、暖房をつけっぱなしにして室温を15℃以上に保ち、植え替えするか、の2択になります

葉の脇腹がぐしゃっと枯れたストロマンテ・サンギネア'トリオスター'。思いっきり根腐れしてました。

左端の白い根っこが唯一の生き残りです。右の方の茶色い根っこは腐った根っこです。

トラブル 3

Q 葉が小さくなってきちゃったみたいです

A 風ストレスを受けているのかもしれません

植物は、**外からの刺激を受けると、防御体勢を取る**ようにできています。わかりやすくいうと、**葉と茎の成長が抑制される**わけです。室内では、とくにエアコン付近に置いた植物がそうなる危険性が高いので、要注意です。

葉が揺れるほどの風に長時間当たり続けた植物は、極端に葉を小さくします。植物的には、「こんなに風が強いのに葉を出したら、傷んでしまうかも！」っていうのを気にしているわけです。

そういう状態から葉を大きくするためには、ストレスの要因を取り除く、つまり**エアコンの風が当たらない場所に移し、肥料をしっかり与えて**あげることです。ストレスを受けた植物は、養分を消費してお腹がペコペコ。まずは液体肥料で素早く回復させてあげましょう。

以前出てきた下の葉よりも、新しく出てきた上の葉が小さい。肥料を与え、さらに光にも当ててあげることで、だんだんと大きい葉が作られるようになっていくので、心配しないで。

トラブル 4

Q 葉がポロポロ落ちてくる！

A 乾燥に注意。冬は加湿器を使っても

とくにポロポロ**落ちやすいのが、フィカスのベンジャミンとエバーフレッシュ**。冬に寒い場所や乾燥の強い環境に置かれてしまうと、文字通りポロポロ葉が落ちてきてしまいます。

乾燥した空間にいる植物は、葉から水分を蒸発させる蒸散が強くなりすぎて、幹からどんどん水分がなくなってしまいます。そんな状況では、植物は葉を減らすことでしか自分を守れません。だから、**加湿器などで空気の乾燥を防ぐ**ことが大切です。もちろん**土の水分量にも注意して**。

エバーフレッシュは、冬に葉を落とすので寒さに弱いと思われていますが、実は水やりの間隔をあけ過ぎたことや、**1回の水の量を減らしたこと**が原因です。水やり頻度は落としても量だけは減らさないように気をつけましょう。

よく観察すると、葉の落ち方にも違いが見えてきます。葉が落ちたときの土の状態や、室温などもしっかり確認しましょう。

ソフォラに多いと感じるのは、ハダニ被害が出た後に、ポロポロ落葉してしまうことです。でも、大丈夫！しっかりケアすれば一気に葉を取り戻すことができます。

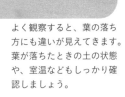

トラブル 5

Q 葉先がふにゃっと垂れてしまうんですが
A 水切れの可能性が高いです。すぐに水やりを！

葉

先がふにゃっと下を向いてしまうことがあると思いますが、そのときに**土が乾いていた場合、原因は水切れ**です。見た目は土が湿っているように見えたとしても、植物にとっては、自分の葉を正常に保つために必要な水分量が、土から確保できない状態なのです。

もう1つ、**水切れかどうかを見抜くポイント**があります。それは、**落葉を伴わない**こと。水切れならたいてい、新芽がくるんと下を向くだけです。この状態なら、**早めに水やりをすることで葉は簡単に復活**します。半日程度鉢皿に水を溜めて、根にしっかり水を吸わせてあげると効果的。

一方で、葉先が垂れていることに気づいたとき、**土がしっかり濡れていたなら、根腐れの可能性が大**。この場合は植え替えをしましょう。

葉が垂れていることがめちゃめちゃわかりやすいのが、手前のリュウビンタイ。これが水切れしているときの姿です。

しっかり水を吸わせると、あっという間に葉がシャキッと戻ります。

トラブル 6

Q 植え替えたらなんかしおれてきたみたい

A 今までより暗いところに避難させて

植え替えの後、とくに**根から土を落とした場合に気をつけてほしいのが、植物の置き場所**です。

植物は、植え替えされると、今までどこから水を吸っていたのかがわからなくなり、一時的に水を吸収できなくなってしまいます。この状態で、太陽ガンガンで風が吹き抜けるような場所に置かれると、蒸散によって葉から水分が抜けていき、すぐに「しおれる」という悲しい結果になってしまうのです。根鉢を崩さず植え替えをした場合なら、置き場所はあまり気にしなくても大丈夫ですが、根を崩した際はくれぐれもご注意ください。

植え替え後に**植物がしおれてきた場合は、葉水をして光から遠ざけ、休ませて**あげましょう。対応が早ければだんだんと戻ってくるはずです。

根を減らして植え替えをしたときは、地上部も同じように剪定して葉を減らしてあげると、より安全です。

水切れのときと同じようなしおれ方をします。早めに対処してあげましょう。

トラブル 7

Q 春になっても新芽が出ないよ〜

A 温度と光が足りていないことが原因です

植物には、**自分の不利な環境では成長しない仕組み**が備わっています。一度根を張ったら動けない植物にとって、なるべく生きやすい環境の下で成長することが、自然界では非常に大切だからです。

というわけで、植物から**新芽が全然出ない場合**、**まずは室内の温度を確認**しましょう。ただし、今日は最低気温20℃だったけど、明日は13℃になりそう…などと、最低気温が安定しないうちは、植物は成長しません。たいていの植物は、**最低気温が18℃を超え続けるようになった頃から成長を始める**のです。

温度が適正になってきたら、**光が不足なく当たっているか**も見てあげましょう。この2点をおさえれば、ちゃんと芽は出てくるはずです。

冬に買ったフィカス。半年経ちますがまだ動きがありません。ですが、水をしっかり吸って土が乾く様子を見ていると、光を充分にためて葉を作ろうとしている感じが伝わってきます。

トラブル 8

Q やっと新芽が！と思ったら小さくて悲しい

A 肥料です！ 肥料が足りません！

冬を無事に越して、やっと春の新芽が芽吹いたと思ったら…こぢんまりした葉しか出てこないってこと、ありますよね。その**原因は肥料不足**です。「温度も良し！ 光も良し！ さあいくぞーっ！」ってときに、お腹が空いて頑張れなかった証拠です。まずは**液体肥料をサッと吸わせて**、芽を出すための勢いをつけてあげましょう。

ただし、**例外もあります。ポトスなどのツルが伸びる系の子**たちです。これらは他の植物に巻きついて伸びる登はん性のツル植物なのですが、**茎が垂れ下がる状態だと、茎の方が伸びて葉が小さくなる**、という性質があります。しがみつけそうな他の植物を見つけるまでは、体を軽くして伸ばす方向に成長していくんです。こうした植物はヘゴ棒などの**支柱を使って仕立てる**こともあります。

伸びた先端の葉（左）は、株元にある葉（右）と比較してもこんなにサイズが違う！

右の写真の植物と下の写真の植物は、やや見た目は違えど、どちらも葉を垂らすと新芽が小さくなります。

トラブル 9

Q 葉の色が薄く、なんだか弱々しいです

A 肥料不足の植物に多い症状です

とくに**下の方の葉色が薄くなりはじめたときは、肥料不足**のサインとみてOKです。

栄養が足りないとき、植物は自分の葉にある栄養を、必要な場所に移動させることがあります。その栄養は、主に新芽の成長に活用されます。「成長したい！　でも栄養がない！」ってときに栄養に生まれ変わるのが、株元の古い葉っぱです。

栄養不足のまま放っておくと、この症状は次第に株全体に広がってしまいます。**空腹で弱った状態の植物は、病害虫の標的にされたときや、急な環境変化があったときに耐えられません**。早めの対処が必要。「そういえば肥料あげてないなー」って方は、葉の色が薄くなる前に肥料の与え方を見直してみましょう。こういう場合は**即効性の肥料が最適。液肥タイプ**が使いやすいですよ！

土を使わない水栽培、ハイドロカルチャーで育てたモンステラ。一度も肥料を与えなかったせいで、葉色が薄くなっています。

トラブル 10

Q 葉の形がなんか変。今までと同じ形になりません

A 環境変化や遺伝によって葉の形が変わることも

植物には、本当にいろいろな形の葉があります。その特徴をおおざっぱにいうと、**太陽が強い地域の植物ほど葉は小さく、厚くなります。**例えば、サボテンは、強力な太陽の下でも水分を体内に蓄えられるようにするために、葉の大きさを極限まで削っています。他の木に着生して生きるランなどは、葉と根っこを肉厚にしています。

このような性質の変化は室内でも起こります。植物を育てた生産者の環境と、自宅の環境では、かなりの差があるので、**新しく出た葉をすべて前からある葉の形に揃えるのは結構難しい**です。また、**遺伝によって葉の形が大きく変わることも**あります。枝代わり、先祖返りなどといわれる現象ですが、今のところ、対処法は**形が変わってしまった葉を切り落とす**くらいしかなさそうです。

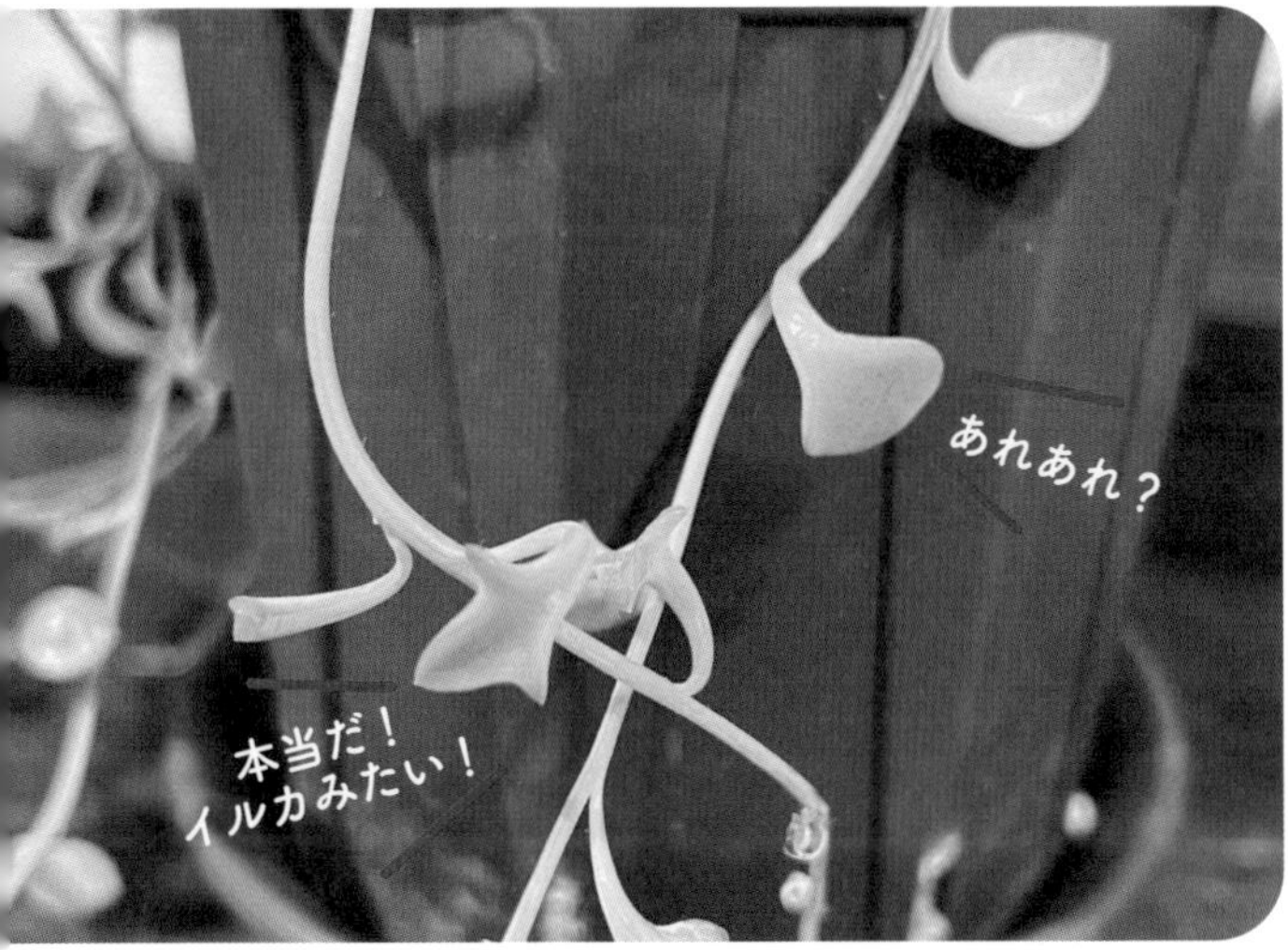

多肉植物のドルフィンネックレスの葉は、その名の通り最初はイルカを上から見たような形をしていましたが、今では面影もありません。経験上、低日照だとこんな形になりやすいため、光がちゃんと当たるよう環境を見直す必要がありそう。

トラブル 11

Q 茎がひょろひょろ伸びるんですが

A 今より明るいところへ移動して。ストレスも有効

人間が思うよりも、「室内」という環境は植物にとっては暗いことが多いんです。**暗いところにいる植物は、より明るいところまで早く伸びようとして、茎を細くひょろっと伸ばす**ことがあります。これが徒長。植物が求めている光の強さがあれば、本来の姿で成長してくれます。

とはいえ、太陽に「もう少しこの辺から光もらえますか？」なんて要望できるわけもありません。そこで有効なのが**ストレス**です。「ストレス」というと悪いことのようですが、「試合前の緊張感」なら、自分を成長させてくれそうな雰囲気を感じますよね。植物に与えたいのは、まさに後者の緊張感です。簡単なストレスの与え方は2つ。**鉢をクルッと回転させて光の当たる方向を変えること**と、**風通しを良くすること**です。

サンセベリアの葉が途中から異様に伸びているのは徒長です。でも、これはこれでかわいいのでこのまま伸ばしました。

多肉植物などは、求める光のレベルが強いため、室内だと非常によく伸びてしまいます。

トラブル 12

Q なかなか幹が伸びなくて困っています

A 主幹が切られている場合は脇芽しか伸びません

木っぽい子は、いちばん太い枝である主幹に、最もたくさん葉をつけるように成長していきます。この主幹があるうちは、木はどんどん上に成長していくのですが、**主幹が傷ついたり折れたりした場合は、成長が止まってしまいます**。植物は、だいたいみなこうした特徴を持っているので、お店で植物を買う際に、上に伸びる子なのかそうでないのか、判断することができます。「植物を大きくしたいっ！」って方は、ぜひ主幹のてっぺんを確認してください。

もちろん、まったく成長しないわけではなく、主幹が切られれば、**代わりに2番目に高い位置にある脇芽が上へと成長**を開始します。とはいえ全体の形は変わるので、**どうしても主幹を伸ばしたいなら、挿し木をして仕立て直す**必要があります。

長く成長を続けていると、このように主幹が目立たなくなることもあります。

とくにパキラの幹が伸びずに悩む方が多いです。放っておくと、このまま脇芽だけがスイスイ伸びてしまいます。

トラブル 13

Q 横にふわっと広げたいのに上にしか伸びません

A 頂芽の剪定と枝の水平曲げが有効です！

植物は、他の植物よりも高い位置で葉を広げないと、生存競争に負けてしまいます。このため、植物には、**脇芽の成長を止め、いちばん高い所にある芽に優先して栄養を送る「頂芽優勢」という仕組み**があるのです。

この**頂芽優勢は、頂芽を失うか、頂芽の位置が低くなることで解除**されます。バラが塀に沿って横いっぱいに咲いている姿を見たことがあるでしょうか？　これこそ頂芽優勢を利用した仕立て方のいい例です。枝を地面と水平に曲げて塀に沿わせることで、頂芽の高さを他の芽と揃え、すべての茎に一斉に成長を促しているわけです。そうしないと、バラは茎先にしか花をつけません。この性質を利用して、観葉植物も、**頂芽の位置を下げて脇芽の成長を促すことができます。**

このフィカスは、グイッと枝を曲げた頂点から成長していったものです。

トラブル 14

Q 枝にクモの巣のようなものが…

A ハダニが増えている可能性が高いです

木の枝や葉に、**クモの巣のような糸が張って**いたり、**葉が白くかすれたまだら模様**になっていたりしたときは、**ハダニ**を疑いましょう。ハダニはクモの仲間なので、クモのように糸を吐き出し、卵を産みながら繁殖をします。とはいえ、ハダニがついたくらいでは植物は枯れないのですが、とにかく見た目が悪いし、成長が止まることは多々あります。また、ハダニは繁殖スピードが早いため、早く処理しないと手がつけられなくなるので、見つけ次第、駆除が必要です。

駆除方法でおすすめなのは、**水に弱いハダニをシャワーで葉から吹き飛ばし、さらに殺虫剤を散布する**ことです。日常の管理としては、**葉水をして、湿度を高く保ってあげる**ことで、虫のつきにくい状態を維持することができます。

ガジュマルにハダニがついたところ。クモの巣のようなものが見あたらなくても、葉が白くかすれてきたら要注意。

トラブル 15

Q 根腐れしたみたい。何が原因なの？

A 土の劣化が原因。植え替えが必要です

植物の最も多い「死因」は根腐れですが、これは「死因」であって「原因」ではありません。**根腐れの原因には、土の劣化**が大きく影響しています。

自然界では、虫や微生物が活動することで、土はいつもふかふかに再生されています。でも、餌に乏しい室内の鉢の中では、虫の活動は期待できないので、**土は使った直後から劣化の一途をたどる**ことになります。土は劣化をすると細かく砕けて、水が抜ける隙間が埋め尽くされます。隙間がない土は水をたくさん含み、粘土のようになるので、根は正常に育つことができなくなるのです。**土が乾かなくなってきたら、植え替えして土を新しくして**あげてください。新しい土は根の張りも良く、丈夫に育ちます。

根腐れが始まったときには、土は粘土のように形を保てなくなっています。とくに写真の赤玉土は、水を含むと非常に崩れやすい性質があるので、定期的な土の入れ替えが必要になってきます。

赤玉土が崩れ、土の粒がバラバラになって、隙間を埋めてしまっています。

トラブル 16

Q 気根ばかり伸びてしまいます

A 気根はそのまま土に挿す。根詰まりも確認

植物のなかには、地上部にある幹から根っこのようなものを伸ばす子たちがいます。**この、空気中に露出している根が気根**です。

植物は、自分を支えたり、新たに水を探したりするために気根を伸ばすといわれます。つまり、やたら**気根が伸びてくるときは、土の中に新しく根を張るスペースがなくなってきている**、ということなのです。一方で、根が詰まっていなくても**気根を伸ばしやすい、モンステラ**などもいます。

気根は、水分に触れると水を吸うための根が新しく出てくるので、伸びてきたら**下に誘導して、土に挿してあげる**のがおすすめです。実は、気根持ちの植物は、気根が何かにつかまると、葉が大きくなる特徴があります。ぜひ気根も一緒に育ててみましょう。

気根を土に触れさせて水分を与えると、根が出てきて、次に出てくる葉が大きくなります。

モンステラは何かにつかまりたくて、気根をゆっくり伸ばしていきます。湿度が高い方向へ伸びていくようにできているんです。

トラブル 17

Q 土の上で虫がうごめいているんですが…

A それ、根腐れを知らせるトビムシかもしれません

根腐れが始まった植物の土をひっくり返してみると、**米粒よりも小さい虫**を見かけることがあります。それが**トビムシ**。この虫は、土の中の腐った有機物などの食べ物を目的にやってきて、増えてしまいます。つまり、**虫が増えるということは、根が腐っている**と考えられるのです。駆除するだけなら**市販の殺虫スプレー**が有効なのですが、出現した理由を考えると、**植え替えをして根腐れを防ぐ**のがおすすめです。

トビムシは、ビカクシダを植えた水苔にもつくことがあり、根が腐らなくても有機物があると繁殖しやすくなります。自然界では益虫とされ、枯れた木や葉の分解者としての役割を担っているし、とりたてて害はない昆虫ですが、虫嫌いな人からすると、めちゃ嫌ですよね。

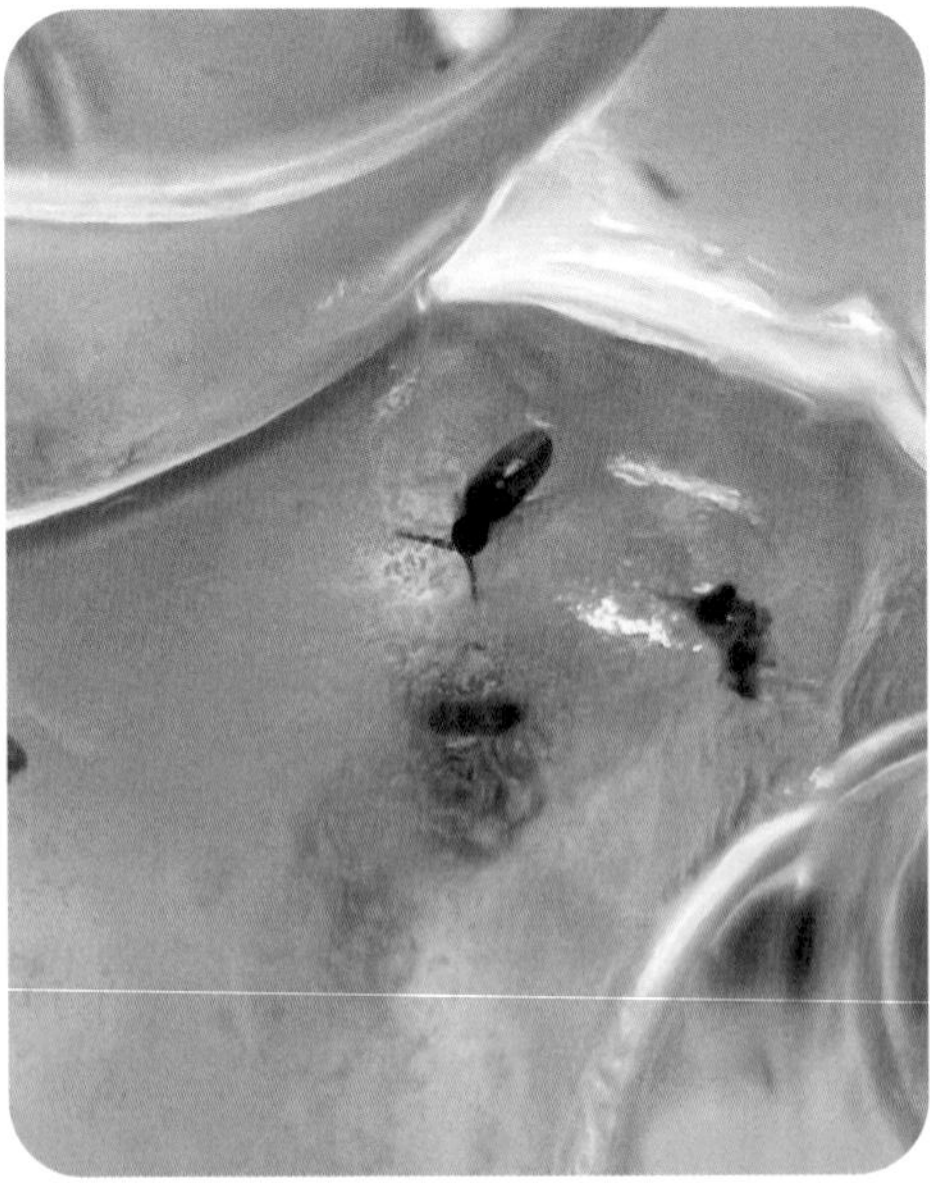

根以外にも、藻をひたすら食べていたりします。トビムシはいろいろな種類がいるようですが、触角があり、細長い形で、土の中にいれば、それはおそらくトビムシです。

トラブル 18

Q 暑くなってきたら植物がしおれてしまいました

A 腰水が有効です。早ければ早いほど復活率も高い

とくに夏場に多いのですが、植物がくた～っとしおれることがあります。植物ごとに差はありますが、決まった有効水分域＊を下回ると、植物はまず根を伸ばします。それでも水が得られないと、いよいよ水枯れ状態に向かうわけです。

しおれた植物は、対処が早ければ早いほど復活しやすくなります。**復活させるには、「腰水」**が有効です。腰水とは、**鉢よりも大きな容器か鉢皿に水を張って、そこに鉢ごと半日ほど浸すこと**です。これでたいてい元気になります。

ただし、ひとつだけ注意点があります。植物は、根腐れが原因でしおれることもあるのです。見分けるポイントは、**落葉があるか、しおれたときに土が濡れているか**、の2点。これに**該当する場合は根腐れですので、腰水は効果がありません。**

＊有効水分域…土壌内の水のうち、植物が利用できる水分の量。

草花も観葉植物も、植物全般に有効な方法ですので、もしものときは腰水で復活させましょう！

トラブル 19

Q なんとなく植物に元気がありません

A 植え替え推奨。肥料不足で活力ダウンかも

植物は何をおいても根っこが優先されます。種の発芽も最初は根っこが出ますし、挿し木をした株も葉より先に根が出ます。

植物たちも建物と同じで、土台（根）以上に大きく茎や葉は伸ばせません。**元気がないときは**「土の中でちゃんと根は伸びてるかな」と、**根の状態を気にして**みましょう。植物は、新しい根が出ないとなかなか元気になりません。

一方、植物は、**肥料不足のときも同じ**ように元気なさげな雰囲気になってきます。なかでも多いのが、挿すタイプの活力剤だけを与えて、他の肥料は与えたことがない、というパターンです。これでは確実に肥料不足になり、古い葉の葉脈が透けて黄色っぽくなってしまいます。**根と肥料、この2点に注意すれば植物は元気に**なるはずです。

こんな症状が出たら、まずは吸収が早い液体肥料を与えましょう。

トラブル 20

Q 南向きの明るい部屋なのに生育が悪いです

A 季節によって太陽の位置が変わり、部屋に入る光が減ったせいかも

家の中でいちばん明るいのは、南向きの部屋ですよね。ところが、**夏に近づくと太陽の位置が高くなり、南向きの部屋でも中まで光が届きにく**くなってくるんです。**とくに、マンションなどの集合住宅で、ベランダがあるお家**だと、入ってくる光の量が大きく減ってしまうことがあります。これが生育が悪くなる原因のひとつです。

さらに、南向きの部屋だからといって気を抜いてはいけないのが、部屋の中での植物の置き場所です。いくら**南向きといえども、窓から遠い部屋の奥は暗い**ものです。季節や自宅の窓の向きによって、植物に最適な置き場所は変わってくることがあるので、休みの日に光の入り方や植物たちをゆっくり眺めてみてください。新しい特等席が見つかるかもしれません。

すりガラスならレースのカーテンは不要
直射日光をレースのカーテンで遮光した窓際がいちばん明るい
部屋の奥はかなり暗い。観葉植物は弱りやすい
同じ部屋の中でも、明るさにはこんなに差があります！

トラブル 21

Q 冬になったら枯れてきたんですけど

A 寒さで力尽きてしまった可能性があります

低温になる冬は、植物にとって非常に苦しい時期になります。なかでも、**窓際に置いている、床に直置きしている、屋外で管理している植物たちは、高い確率で根っこを傷めます。**

植物の土は、基本的には水分を含んでいるのですが、冬になるとその水分が根っこに冷気を伝えてしまいます。根っこは冷やされるとクタッと弱って、地上部分が一気に枯れてきます。とくに、**最低気温が15℃を下回るようになったら、植物を台の上に置いたり、暖かいリビングに集めたりして、保温に注力**してあげましょう。植物は慣れる生き物なので、「年中外置きです」みたいな育て方をしても枯らさない方はいますが、基本は保温がベストです。そうすればちゃんと冬越しするし、冬でもきれいなグリーンがたのしめます。

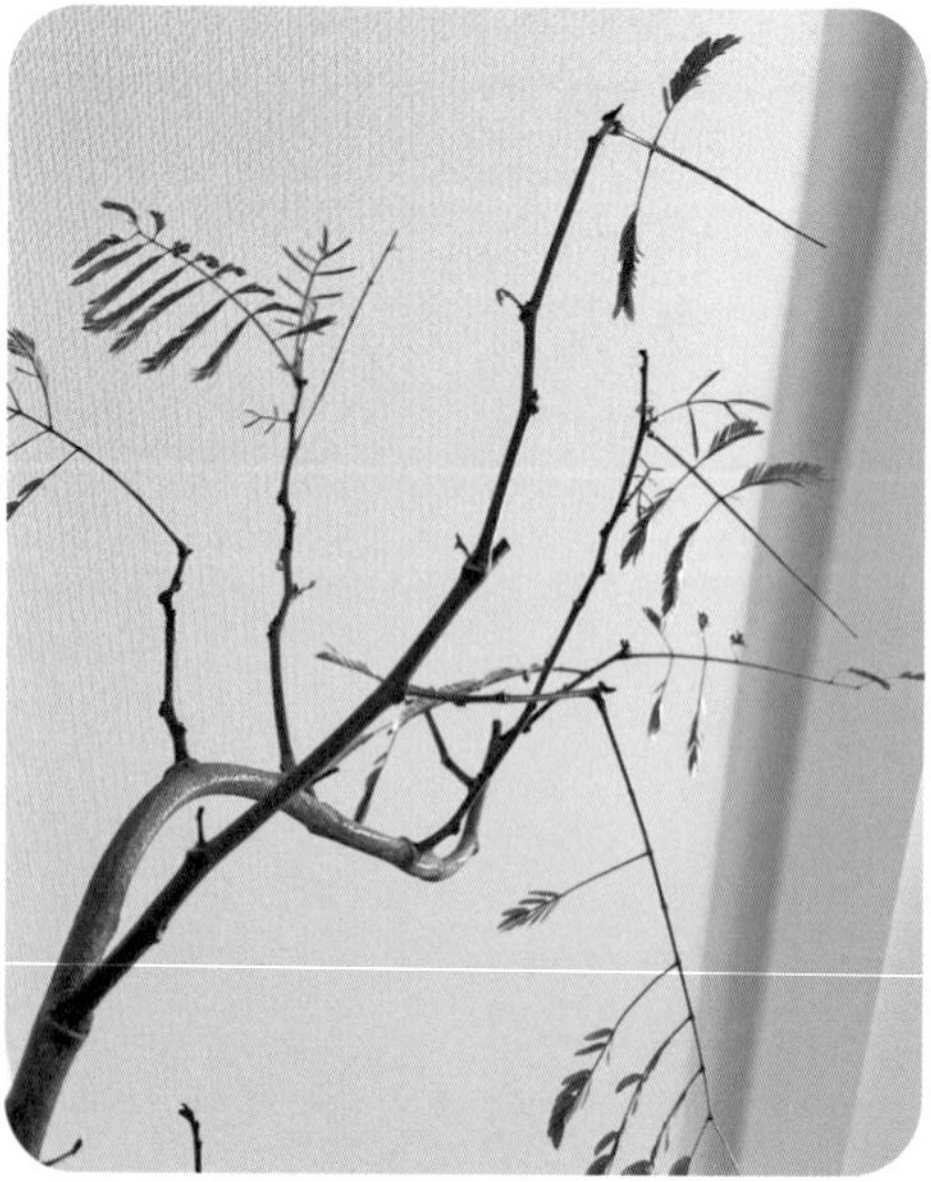

冬にほぼ落葉してしまった子。地上部がダメでも、根っこさえ生きていれば春に復活します。根っこはきちんと保温してあげましょう。

トラブル 22

Q 太陽たっぷりの夏!なのに成長がよくありません

A 観葉植物は夏が嫌いだからです

気温が高ければ高いほど、植物はよく育つ、というイメージがありますが、実際は**25℃付近をピークに、気温が高くなるほど光合成の速度が落ちていく**植物が多いのです。また、植物は光が少ないときに、**「暗呼吸」**と呼ばれる呼吸をしていますが、**温度が高くなるほどその呼吸速度は速く**なります。なんだか高校の生物の授業を思い出すような話ですが、つまり、**光合成がしにくい割に、呼吸するだけでめっちゃ疲れるのが日本の夏**なんです。

暑いイメージの熱帯雨林ですが、実をいえば気温自体はそこまで高くはならなかったりします。夏っぽいイメージのサボテンも、昼は暑いものの夜はめちゃめちゃ気温が下がる砂漠で暮らしているので、日本の夏は超苦手です。

夜も暑い日本の夏、左の絵のように、植物たちは息を切らしながらなんとか耐えています。サボテンは死ぬ気で気孔を閉じて、涼しくなる秋まで寝てしまうことが多いんです。

トラブル 23

Q 植物の名前が1㎜も思い出せません…

A 「Googleレンズ」があれば一発です。たぶん

買ってきた植物の名前タグなどを捨てちゃって、あとから「そういえばこのヤシみたいな植物、なんだっけ？」となること、意外に多いですよね。また、「売場には『フィカス』としか書いてなかったけど、品種名はなんだろう？」って知りたくなること、絶対あると思います。こういうときにめちゃくちゃ使えるのが「**Googleレンズ**」です。

スマホの種類によっては最初からインストールされている場合もありますが、一般的には「Googleアプリ」をダウンロードして使います。「Googleアプリ」は、**検索窓の右端にカメラマークがついています。そこをタップして、写真を撮るか、保存された画像を読み込む**と、その画像に似たものを探して見つけてきてくれますよ。

「Googleアプリ」を起動して植物の写真を撮るか、画像を読み込むと、写真と同じ特徴を持つ植物が検索されて出てきます。

この検索窓の右端のカメラマークをタップして。

トラブル 24

Q 挿し穂からいつまで経っても根が出ません

A 挿し穂が逆さまになっている可能性も

挿し木をする植物から発根させようとするときは、**本体に繋がっていた方を下に**しなければいけません。フィカスやポトス、モンステラなどは、茎全体を水に漬けておいても問題ないですが、**サンセベリアなどの葉挿し（p71参照）で増やすタイプの植物は、向きに気をつけましょう。**

サンセベリアは本当に、切った後に上下がわかりにくくなるので、マジックなどで印をつける方も多いです。僕も以前、ゾンビプランツと呼ばれる多肉植物を水挿ししていたことがあるのですが、しばらく根が出なかったため、気になってよく見てみました。すると、上下が逆さまだったことに気づき、あわてて向きを変えたらすぐに発根した、という経験があります。みなさんも、植物の上下の向きには十分気をつけてくださいね。

上下を正しく挿したので、しっかり発根してくれたこの子。ほんと、向きは大切です。

おわりに

本書を最後までお読みいただきありがとうございます。

この本を手に取ってくださった方、そして、いつもは画面越しにお会いしている、インスタグラムでフォローしてくださっている方々。みなさんがどんな気持ちでこの本を読んでくれたのか、とても気になります。

この本で、少しは植物を愛する気持ちが増したでしょうか？


日本は、夏は暑いし冬は寒いから、植物たちも頑張ってくれているけど、どうしても弱っちゃうとき、ありますよね。

植物にそんなトラブルが起きたときは、この本を思い出して、「そういえばくりと、あんなこといってたな！」と乗り越えていってくれたら嬉しいです。


正直なところ、自分の人生に書籍を出す日がくるなんて、1㎜も想像していませんでした。

それなのに、自分の名前や、自分が育てている植物が載った本が、この世に出たんだ！

いや出てしまったんだ！　というべきでしょうか。

制作中は大変なことがいろいろありましたが、とくに説明用の写真撮影にはとても苦労しました。植物のコンディションは日々変わるし、「なんならもうちょいおしゃれな鉢に植えておけばよかったなあ」などと若干後悔しつつも、ありのまま掲載させていただいております。なので、いい意味で「身近な写真」となっているはずです。


最後にもうひと言、ふた言。

投稿をたのしみにして応援してくださったみなさま、生産者ならびに園芸店の方々など、この本の制作を通じて本当にたくさんの方と繋がることができました。

なかでも、本に関わっていただいた編集・スタッフの方々と、「時間」という貴重なものを作ってくれた妻には、この場を借りてお礼をいわせていただきます。

ほんーーーーっとにありがとうございました！

くりと

観葉植物名 INDEX

「CHAPTER2　くりとおすすめ！ 観葉植物カタログ」で紹介されているページ数は、太字になっています。

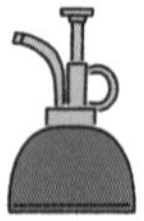

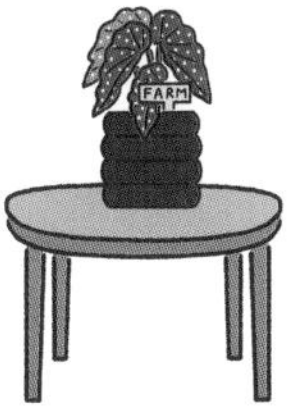
FARM

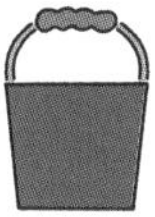

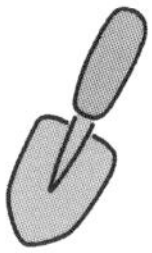

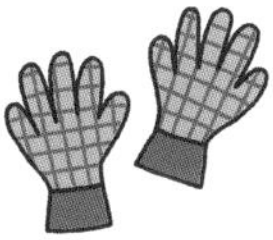

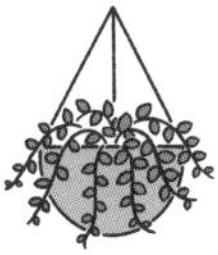

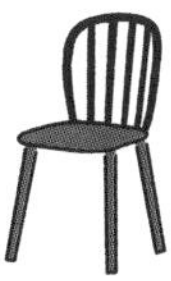

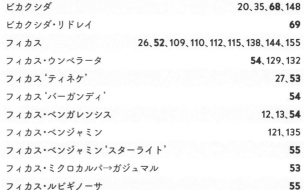

くりと
くわしすぎる園芸店員。
インスタグラムで、観葉植物の育て方やお悩みを初心者にもわかりやすく解説。たった1年間でフォロワーが10万人を超える。植物の性格や性質を、独自の目線でたのしく伝える投稿も話題となる。植物以外には料理が好きで、マフィン作りが得意な2児の父。
Instagram@kuritojp

知《し》りたかったがつまってる！
世《せ》界《かい》一《いち》たのしい観《かん》葉《よう》植《しょく》物《ぶつ》教《きょう》室《しつ》

2023年 9 月14日　初版発行
2024年 9 月20日　5 版発行

著者／くりと

発行者／山下 直久

発行／株式会社KADOKAWA
〒102-8177　東京都千代田区富士見2-13-3
電話　0570-002-301(ナビダイヤル)

印刷所／TOPPANクロレ株式会社

製本所／TOPPANクロレ株式会社

●お問い合わせ
https://www.kadokawa.co.jp/（「お問い合わせ」へお進みください）
※内容によっては、お答えできない場合があります。
※サポートは日本国内のみとさせていただきます。
※Japanese text only

定価はカバーに表示してあります。

ISBN 978-4-04-606273-4　C0077